任运忠 著

周易文化导读

中国纺织出版社

内容提要

《周易》是中华传统文化之根，同时又充满了神秘色彩，人们往往视其为预测吉凶祸福的“占筮之书”，对其文化内涵则敬而远之。本书力图揭开《周易》神秘的面纱，从文化的角度去解读《周易》。作者介绍了研习《周易》不可回避的一系列基本问题，并通过对《周易》六十四卦经文的今译和文化导读，以深入浅出的方式和通俗易懂的文字揭示《周易》博大精深的文化内涵，旨在引导初学《周易》者以及广大传统文化爱好者洞悉《周易》之人文精神和教化意义。

图书在版编目（CIP）数据

周易文化导读 / 任运忠著. —北京：中国纺织出版社，2015. 8 （2024.1重印）

ISBN 978-7-5180-1840-6

I. ①周… Ⅱ. ①任… Ⅲ. ①《周易》-研究 Ⅳ. ①B221.5

中国版本图书馆 CIP 数据核字（2015）第 151588 号

责任编辑：张永俊　　　　责任印制：储志伟

中国纺织出版社出版发行

地址：北京市朝阳区百子湾东里 A407 号楼　邮政编码：100124

销售电话：010—67004422　传真：010—87155801

http：// www. c-textilep. com

E-mail：faxing@c-textilep. com

中国纺织出版社天猫旗舰店

官方微博 http：//weibo. com/2119887771

北京兰星球彩色印刷有限公司印刷　　　各地新华书店经销

2015 年 8 月第 1 版　2024年1月第3次印刷

开本：880 × 1230　1/32　印张：8. 75

字数：162 千字　定价：39.80元

凡购本书，如有缺页、倒页、脱页，由本社图书营销中心调换

序　言

《周易》是我国迄今为止保存最完整且年代最为久远的文化典籍之一，是儒家和道家共奉的思想元典。在中国数千年的经学时代，《周易》被尊为“群经之首”“大道之源”，具有不可替代的历史地位。而在现代社会，《周易》更被视为中国传统文化的活水源头、华夏民族的精神基础。

古往今来，历代文人学者无不援引《周易》以阐发自己对自然和社会的理性思考，从而形成了延绵数千年而不绝的中国易学。当历史的车轮驶入21世纪，易学研究大有进一步发扬光大之势，然而同时我们也清醒地看到，在喧嚣的现代社会，《周易》有被滥用的趋势。一些江湖术士打着《周易》的幌子大行骗财牟利之道，他们将研究《周易》等同于堪舆风水、卜卦算命等迷信活动，《周易》沦为了他们所谓“预知”未来的工具，而他们自己则被一些不明真相的民众奉为“大师”。君不见有人为建大楼别墅或为升官发财总要去求“大师”们占上一卦，以启神谕。呜呼，殊不知即使在科学不甚昌明的古代社会，这种以《周易》为道具求神问卜的行为也被视为世俗末流而遭世人所不屑。在科学技术日新月异的现代社会这些江湖术数却能大行其道，何也？究其缘由，固然是一些人急功近利的侥幸心理在作祟，但同时也与人们对《周易》的误读和误解不无关系。

欲求易道之真意，必选择一个恰当的切入点，即破除迷信，从文化义理的角度去参透《周易》，体会《周易》之人文精神，领悟《周易》之教化意义。

易道广大悉备，自古“最难解者《易》也，最多解者亦《易》也”，有以儒学解易者，有以理学解易者，有以玄学解易者，更有以占卜解易者，经学家对《周易》的解读可谓“仁者见仁，智者见智”。然而对于生活在21世纪的现代人来讲，习《易》之要莫过于透析《周易》之文化义理。何为“文化”？《易》曰：“关乎人文，以化成天下。”（贲卦·彖传）人文与天文相对，天文是天地自然运行之规律，而人文则是人类文明社会之精神，包括人伦秩序、道德规范、行为准则、制度礼仪等。《周易》洋溢着浓烈的人文主义精神，而这种人文精神首先源自天文，正如《系辞》所言“易与天地准”，人类社会的一切文明精神都必须与天地自然之运行规律合拍，亦即“天人合一”。《周易》不仅揭示了人文和天文，其功用还体现为一个“化”字，化就是引导教化的意思，因此所谓“文化”必然有两层含义：首先是引导人们去认识天地自然之运行规律，使人们的行为合符天文；其次就是用人类社会之人文精神去教化民众，提升民众的内心素养，使民众之言行合符人文。《周易》博大精深的文化义理使人向往，但其古奥的言辞又让人望而却步，本书从文化义理的视角出发，通过对《周易》古经的今译和导读以引导读者正确理解《周易》之文化内涵，因此本书在撰写过程中采取了如下基本原则：

一、与神秘主义彻底划清界限，摒弃《周易》虚无的占筮功能，揭示《周易》之人文精神，发挥《周易》之教化作用，进而启发读者对人生的正面思考。

二、从《周易》六十四卦的卦象入手，确立贯穿全卦的基本道理，并以这个“基本道理”为中心渐次展开对全卦的阐释。

三、对《周易》古经的今译重在揭示卦爻辞之本义，不对卦爻辞的基本内容作过度引申和推理，力图用简洁的语言让读者了解《周易》经文的基本意义。

四、对《周易》经文的导读以卦爻辞本身为基础，结合卦象和爻位，以通俗易懂的表述形式揭示隐含在经文中的文化义理。

《周易》作为中国传统文化之根，对中国优秀传统文化的形成和发展可谓功莫大焉。当我们站在新时代发展的历史潮头，我们重温经典，去体会《周易》博大的人文精神并领会其深刻的教化意义，这不仅是我们继承和发展中国优秀传统文化的需要，而且也是建设新时代文化的必然选择。

从古至今研《易》者大师辈出，释《易》之书可谓汗牛充栋，然而经典的魅力就在于其愈释而弥新，本书作者在继承前人研究成果的基础上尝试重新译解《周易》，由于作者才疏学浅，谬误之处在所难免，望各位学界同仁批评指正。本书作者在习《易》过程中参阅了众多前辈的研究成果，并从中受到启发。本成果受到了西南科技大学社科基金（13sxt022）“语言学研究团队”资助，并承蒙中国纺织出版社张永俊编辑鼎力相助得以出版，作者在此一并表示由衷的感谢。

任运忠

乙未年庚辰月乙丑日于青义龙山

目　录

下 经

绪　论

欲洞悉《周易》之文化义理，必须首先正确认识与《周易》有关的一些基本问题：如《周易》书名之辨、《周易》的性质、《周易》书名之义、《周易》的结构和内容、《周易》卦爻辞的艺术形式、《周易》卦爻辞的修辞手法以及《周易》中的“象”等。在展开全书之前，先就以上问题做简要论述，是为绪论。

一、《周易》书名之辨

历史上《周易》与《易经》两个名称往往混淆使用，而在现代社会人们普遍认为《周易》包含《易经》和《易传》两个部分，《易经》指《周易》的古经部分，即六十四卦的卦画及其文字，而《易传》（亦称《易大传》或《十翼》）则是对《易经》的系统阐释，包括《彖传》上下篇、《大象传》《小象传》《文言传》《系辞传》上下篇、《说卦传》《序卦传》和《杂卦传》共计七种十篇。然而考查史书即可发现先秦时代的典籍如《周礼》《左传》和《国语》等不仅有《周易》书名的明确记载，而且有《周易》卦爻辞的记录，而“易经”二字连用作为书名在先秦时代从未被提及，由此可见《周易》书名的出现远远早于《易经》。虽然目前《周易》古经及《易传》

的成书年代尚无定论，但学界普遍认为《周易》古经大致成书于商末周初时期，而《易传》总体成文于战国中晚期。《周易》古经和《易传》本是各自独立成书的典籍，到了西汉时期学者将《周易》古经与《易传》合编为一体才称为《易经》。通过以上梳理可以确定《周易》仅指古经部分，即六十四卦的卦画及其文字，而《易经》则包含《周易》和《易传》两个部分。

二、《周易》的性质

《周易》是哲学典籍，《周易》经文是对中国古人生活场景的记录，反映了中国古人在战争、商旅、渔猎、婚嫁、祭祀等方方面面的内容，并通过这些内容展示了中国古人对自然和人类社会的哲学思考。《周易》用阴（--）和阳（—）两种符号三画重叠而形成八卦（☰乾、☷坤、☳震、☴巽、☵坎、☲离、☶艮、☱兑），分别代表“天、地、雷、风、水、火、山、泽”八种自然物质及其属性，八卦两两相叠而形成六十四卦，代表宇宙间的万事万物。阴和阳是相互对立的概念，然而阴阳却又在不停地发展变化，并最终相互转化，因此八卦和六十四卦亦随之相互转化，从而体现了事物之间既相互对立而又相互联系的哲学道理。《周易》的哲学思想还体现在六十四卦的卦爻辞中，如乾卦“初九：潜龙，勿用。九二：见龙再田，利见大人。九三：君子终日乾乾，夕惕若，厉无咎。九四：或跃在渊，无咎。九五：飞龙在天，利见大人。上九：亢龙有悔。”乾卦从初爻到上爻描写了龙在不同时期或潜，或现，或惕，或跃，或飞，或亢的形态，从“潜龙”到“亢龙”的整个过程经历了六个不同的阶段，体现了事物渐进发展和物极必反的哲学观点。又如坤卦初六："履霜，坚冰至。"当人们脚踏微霜就应该明白寒冷的冬天即将来临，体现了一种见微知著的人生哲学以及事物发展必经历一个由量变到质变的过程。如泰卦九三爻："无平不陂，无往不复。"平和陂是一对矛盾，往和复也是矛盾对立的，但矛盾的双方不可能孤立存在，矛盾的一方以另一方的存在为条件，这体现了一种对立统一的辩证法思想。如泰卦卦辞"泰，小往大来……"否卦卦辞："……大往小来。"大和小是矛盾的两个方面，而往和来是矛盾运行的不同方向，泰卦和否卦的卦辞反映了矛盾对立面相互转化的观点。

由于时代的局限，在中国数千年的历史长河中，《周易》曾被误认为"占筮之书"，其中不乏一些大学者，这显然是对《周易》的误读和滥用。如果《周易》果真是"占筮之书"，何以成为群经之首，何以成为大道之源，又何以能延续至今而不衰？《周易》之所以被很多人视为"占筮之书"，是因为《周易》经文中有很多"吉、凶、悔、吝"的占验辞，在一些人看来这些占验辞似乎可以给他们某种神谕以启示未来，然而其实不然。《周易》中的"吉、凶"根本不是在预测未来，而是在告诫人们什么事可为，什么事不可为。事之"可为"与"不可为"也根本不是神灵护佑或鬼怪作祟，而完全是由事物本身的正义性与非正义性以及事物的发展是否符合客观规律来决定的。以师卦初六爻为例："师出以律，否臧凶。"师卦讲古时行军打仗的道理，良好的纪律是军队取得胜利的根本保证，因此在战争伊始就必须严明军纪，也就是"师出以律"所讲的道理，"否臧凶"指军队纪律涣散，这样的军队必然要吃败仗，招致凶险也就在情理之中，由此可见"凶"不是命运的安排，而是事理使然。再以谦卦九三爻为例："劳谦，君子有

终，吉。”谦虚是中华民族的传统美德，但谦虚并不表示消极无为，相反君子应当克服艰难险阻去开创事业，通过刻苦勤勉去建功立业。尽管君子劳苦功高，他却不居功自傲而始终保持谦虚的美德，这样的君子终究能获得一个美好的结局，因而爻辞判之以吉利，我们从这句爻辞中可以看到“吉”不是受到了上天的庇护，而完全是由人们自身的美德所决定的。

即使在占筮之风盛行的古代社会，人们对《周易》的占筮功能也是持怀疑态度的。汉代王充《论衡·卜筮》载：“周武王伐纣，卜筮之逆。占曰：‘大凶。’太公推蓍蹈龟而曰：‘枯骨死草，何知而凶！’”尽管占筮结果极为不利，但周武王、姜太公等仍毅然树立起反抗商纣王的大旗，号召天下群雄一举推翻了商王朝的残暴统治，正是这种不迷信的精神促进了社会历史的进步和发展。宋代欧阳修《怪竹辩》曰：“竹，果无知乎？则无知莫如枯草死骨所谓蓍龟者是也。自古以来，大圣大智之人有所不知者，必问于蓍龟而取决。是则枯草死骨之有知，反过于圣智之人所知远矣。”如果占筮果真能预知未来，那些枯草死骨之智则远胜于圣人贤达，那么历代有识之士还有必要十年寒窗饱读圣贤书吗？《周易》真正对人们的思想和行为产生指导作用的并不是占筮，而是人们根据《周易》对自然和社会的理性分析。春秋鲁成公生母穆姜不守妇道与臣下淫乱，又因参与政变图谋篡权而被儿子软禁于东宫。在前往东宫前，史官曾为穆姜占卜，得随卦，史曰：“随，其出也。君必速出！”史官认为“随”是“随之而出”的意思，并断言穆姜很快就会被解除幽禁，离开东宫，但穆姜却说：“亡。是于《周易》曰：‘随，元亨利贞，无咎。’元，体之长也；亨，嘉之会也；利，义之和也；贞，事之干也。体仁足以长人，嘉德足以合礼，利物足以和义，贞固足以干事。然，故不可诬也，是以虽随无咎。今我妇人而与于乱。固在下位，而有不仁，不可谓元。不靖国家，不可谓亨。作而害身，不可谓利。弃位而姣，不可谓贞。有四德者，随而无咎。我皆无之，岂随也哉？我则取恶，能无咎乎？必死于此，弗得出矣。”（《左传·襄公九年》）随卦卦辞讲“元亨利贞”即“仁、礼、义、贞（正）固”四德，穆姜联想到自己的所作所为，四德皆无，因此断定自己必死于东宫，永世不得复出。由此可见，古人对未来的判断并非简单地取决于《周易》经文的评判，而完全取决于人们对事理本身所作出的应然性判断。

与《周易》虚无的占筮功用相比，古代先贤们更加重视对《周易》哲学内涵的思考。《史记·孔子世家》记载，“孔子晚而喜易，序《彖》《系》《说卦》《文言》。读《易》韦编三绝，曰：‘假我数年，若是，我于《易》则彬彬矣’”。《论语·述而》记载，“子曰，‘加我数年，五十以学《易》，可以无大过矣’”。《论语·子路》记载，“子曰，‘南人有言曰，人而无恒，不可以作巫医。善夫！不恒其德，或承之羞’。子曰：‘不占而已矣’”。由此可见，孔子晚年潜心钻研《周易》的目的并不是占筮，而是用来指导人们的思想行为，孔子所作《易传》更是将《周易》哲学思想推向前所未有的高度。荀子在《大略》篇中指出“善为易者不占”，从而为后人研习《周易》定下了一个基调：真正懂得《周易》思想的人是不会用它来占筮的，这种“不占”的思想在中国数千年的经学时代一直占据着主流和正统地位。宋代朱熹虽然一再断定《周易》“卜筮之书”的本质，却从不掩盖《周易》的哲学内涵，他提出了卜筮与义理相结合的研究方法，强调“先

通得易本指后，道理尽无穷，推说不妨。若便以所推说者去解易，则失易之本指矣。”（《朱子语类·易四》）清人皮锡瑞在《经学通论》中论述道：“伏羲画卦，虽有占而无文，而亦寓有义理在内……文王重卦其说加详，卜人筮人口授相传，以其未有文辞，故乐正不以教士，然其中必有义理，不可诬也……易为卜筮作，实为义理作，伏羲文王之易，有占而无文，与今人用火珠林起课者相似，孔子加卦爻辞如签辞，纯以理言，实即羲文本意，则其说分明无误矣。”皮锡瑞认为《周易》从伏羲画卦到文王重卦，再到孔子系辞无不充满了哲学义理。《周易》蕴含了丰富和深邃的哲理，对《周易》的研究之所以能在中国绵延数千年之久，其实并不在于《周易》虚无的占筮之术，而在于古人对自然和社会的哲学思考。

三、《周易》书名之义

《周易》书名之义，历代释家众说纷纭，莫衷一是。先论“周”之义，“周”自古有三种解释：一者指周朝的朝代名，二者指周普之义，三者兼前二者之说。关于周朝的朝代名，据《周易正义·论三代〈易〉名》，“案《世谱》等群书，神农一曰连山氏，亦曰列山民。黄帝一曰归藏氏。既连山、归藏并是代号，则《周易》称周，取岐阳地名，《毛诗》云：‘周原朊朊’是也。又文王作《易》之时，正在羑里，周德未兴，犹是殷世也，故题周别于殷，以此文王所演，故谓之《周易》。其犹《周书》《周礼》，题‘周’以别余代。故《易纬》云：‘因代以题周是也。’”关于周普之义，据《周易正义·论三代〈易〉名》，“郑玄又释云：‘《连山》者，象山之出云，连连不绝；《归藏》者，万物莫不归藏于其中；《周易》者，言易道周普，无所不备。’”又据《经典释文》，“周，代名也；周，至也，遍也，备也，今名书义取周普。”《经典释文》虽存周朝代名之说，而实取周普之义。关于兼前二者之说，据《周易正义·论三代〈易〉名》，“先儒又兼取郑说，云既指周代之名，亦是普偏之义。” 以上三个解释各据其理，但自唐以后多数释家只取周朝代名之义。

再论“易”字之义。《系辞上传》云：“生生之谓易”，“生”指万物生成，“易”就是万物生生不息，生命循环反复的过程。《系辞下传》又云：“易者象也”，即“易”就是用一些具体的形象来表现一些抽象的道理。《说卦》云：“易，逆数也”，这里指“易”的功用，也就是说“易”是用来逆推未来的工具。据《易纬乾凿度·卷上》，孔子曰：“易者，易也，变易也，不易也，管三成为道德苞龠。”孔子认为“易”有“简易，变易，恒常不变”三层含义，易道的这三层含义是统摄宇宙万物运行的基本要领。就“简易”而言，《周易》将纷繁复杂的天地万物无不囊括在六十四卦之内，然后通过六十四卦的变化去参悟自然和社会运行的规律，这正是所谓“以简御繁，大道至简”的道理。就“变易”而言，据《说文》易本义为“蜥易”，以蜥易善于变色，故易有“变易”之义。从字形来看，“易”上为日，下为月，日月之形态每时每刻无不在运动变化。易道是讲天地万物运行之道，古人早已认识到事物的运动变化是绝对的，而静止不变是相对的道理，因此易有“变化”之义。就“恒常不变”而言，《系辞下传》云：“子曰：‘天下何思何虑？天下同归而殊途，一致而百虑。’”事物虽然在不断运行变化，而事物变化的规律却是恒常不变的，亦即万变而不离其宗之理。近人梁方健著《〈周

易〉名义新解》，提出因《周易》之易取易字的给予、赐予之意，以蓍草布卦的占卜方法也称为易。易道广大，从古至今“易”之释义见仁见智，除上述各义，尚有学者持“交易，宇宙本体，阴阳具，飞鸟之形”等义，此处不再赘述。

四、《周易》的结构和内容

《周易》分为上经和下经两个部分，全书是由符号和文字两种表述系统构成的。符号系统是由阳爻符号“⚊”和阴爻符号“⚋”构成的卦符，阳爻寓意阳刚，而阴爻寓意柔顺。每三个阴爻符号或阳爻符号任意组合叠加在一起构成八个经卦，俗称“八卦”，最下面的一爻称为“初爻”，中间一爻称为“中爻”，上面一爻称为“上爻”，也可以根据每爻在八卦中的位置从下往上分别称为“初爻、二爻、三爻”。任意两个经卦两两重叠而构成六十四个别卦（或称为重卦），在上位的经卦称为“上卦或外卦”，在下位的经卦称为“下卦或内卦”，其中上经有三十个别卦，下经有三十四个别卦。《周易》文字系统包括每卦的卦名和卦辞以及每爻的爻题和爻辞。卦名是每卦的名称，后面附有该卦在六十四卦中的顺序，如乾卦第一，坤卦第二。卦辞是用来阐述每卦要义的文字，而爻辞则是用来阐述每爻要义的文字。爻题包括爻位和每爻的阴阳属性，爻位从下往上分别为“初、二、三、四、五、上”，阳爻用“九”表示，而阴爻用“六”表示，如随卦（䷐）六爻分别记为：初九、六二、六三、九四、九五、上六。

别卦六爻各具有不同的寓意，一般认为初爻是事物发展的初始阶段，宜藏而不露。第二爻是事物崭露头角，宜适时进取。第三爻是事物发展小有成就，宜小心行事。第四爻是事物发展到了一个新的高度，宜审时度势，适时进退。第五爻是事物大功告成，宜戒骄戒贪。第六爻指事物发展至终极，预示物极必反。不同的爻位和阴阳属性组合也具有不同的含义。初爻、三爻、五爻是奇数位，而二爻、四爻、上爻是偶数位。阳爻居奇数位或阴爻居偶数位是为正位，或称得正，而阳爻居偶数位或阴爻居奇数位是为失正。“得正”象征事物发展遵循规律，合符正道。“失正”表明事物发展违反规律，背离正道。二爻和五爻分别位于上下卦的中间，称为中位或得中，其中五爻又被称为尊位或君位。“中”寓意不偏不倚的中庸之道，在所有爻位和阴阳组合中“六二”以阴爻居下卦中位，“九五”以阳爻居上卦中位，既中又正，因此称为中正，该两爻在《周易》中尤为受到推崇。

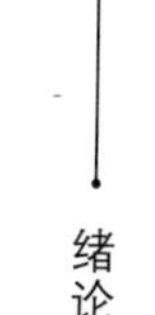

《周易》卦爻辞包括叙词和占验辞两个部分。叙词是对古人生活场景的记录，而占验辞则是对叙辞所记之事的评判，主要有“吉”“元吉”“凶”“有悔”“吝”“利”“无不利”等。卦爻辞的结构大致呈三种形式：一是有占验辞，但无叙辞。如恒卦九二，悔亡。大壮卦九二，贞吉。解卦初六，无咎。二是有叙辞，但无占验辞。如坤卦初六，履霜，坚冰至。小畜卦九三，舆说辐，夫妻反目。否卦六三，包羞。三是有叙辞，且有占验辞。如乾卦九四，或跃在渊，无咎。屯卦六四，乘马班如，求婚媾，往吉，无不利。咸卦九五，咸其脢，无悔。

叙词所记之事涉及古人社会生活的方方面面，如屯卦六三“即鹿无虞，惟入于林中，君子几，不如舍，往吝”。该爻是对古人狩猎经验的描写，没有虞人当向导人们不能到森林中打猎，不然就要迷路。如家人卦九三“家人嗃嗃，悔厉，吉。

妇子嘻嘻，终吝”。该爻记述了古人的家庭生活场景，同时也反映了古人的家教观念，家长对家人严加管束可能会让家人抱怨，但最终结果是吉利的；家长对家人疏于管教，最终将给整个家庭带来羞辱。如姤卦九五“以杞包瓜，含章，有陨自天”。该爻是对农业耕作经验的总结，讲倚杞柳生长的瓜成熟了，自然会从天上掉下来。如小畜卦卦辞“密云不雨，自我西郊”是对当时气象的记录。随卦九三爻“公用亨于天子”则记录了王公贵族向周天子进贡的事情。如涣卦九五“涣汗其大号，涣王居，无咎”。该爻记录了古时一次特大洪灾淹没了王宫，人们大惊失色的场景。如旅卦爻辞“旅琐琐，斯其所，取灾。旅即次，怀其资，得童仆。旅焚其次，丧其童仆。旅于处，得其资斧，我心不快。射雉，一矢亡，终以誉命。鸟焚其巢，旅人先笑后号咷。丧牛于易”。这些卦爻辞是对古人在一次旅途中所发生的一系列事情的记录。如归妹卦全卦记录了古时一种特殊的婚嫁制度，即妹妹随姐姐嫁到男方做偏房的风俗。如丰卦记录了古时一次日食从发生、发展到结束的全过程。

《周易》作者还通过占验辞对叙词所作出的各种评判来表达自己的思想和主张。如临卦卦爻辞：“临，元亨。利贞。至于八月有凶。初九，咸临，贞吉。九二，咸临，吉，无不利。六三，甘临，无攸利。既忧之，无咎。六四，至临，无咎。六五，知临，大君之宜，吉。上六，敦临，吉，无咎。”其中“咸临”“甘临”“至临”“知临”“敦临”表现了五种不同的治国治民方式，“咸临”是以感化的方式来治理万民，“甘临”指以甜言蜜语来迷惑民众，“至临”体现了一种亲民的思想，“知临”指用大智慧来治理国家，而“敦临”则是以敦厚之德来治理国家。针对这五种治理国家的方式，《周易》作者给出了“吉，无攸利，无不利，无咎”等不同的价值评判，并由此体现作者的政治思想。

五、《周易》卦爻辞的艺术形式

《周易》卦爻辞从整体上看采用的是散体的形式，但卦爻辞的叙辞却主要是用诗歌体的形式展现的，体现在言辞简约整齐、音韵和谐。从句式结构来看，《周易》卦爻辞常采用整齐的二言、三言或四言句式，或采用多言杂用的句式，文辞简约灵活而给人以美感。如贲卦上九爻：“白贲，无咎。”需卦九三爻：“需于泥，致寇至。”如剥卦上九爻：“硕果不食，君子得舆，小人剥庐。”如革卦上六爻：“君子豹变，小人革面，征凶，居贞吉。”《周易》卦爻辞还常采用对偶句式。如泰卦九三爻：“无平不陂，无往不复。” 再如履卦上九爻：“眇能视，跛能履。”对偶句的使用增添了《周易》卦爻辞的形式美感。《周易》卦爻辞还常用回沓的句式结构，即反复采用完全一致的句式，只修改个别文字以区别不同的意义。如需卦爻辞：“初九，需于郊，利用恒，无咎。九二，需于沙，小有言，终吉。九三，需于泥，致寇至。六四，需于血，出自穴。九五，需于酒食，贞吉。”爻辞用相同的句式反复咏叹，层层递进，给人余韵回环之感。

从音韵形式来看，《周易》每句爻辞内部和爻辞之间都采用了多种音韵手法，主要有叠韵、叠音、押韵、换韵等多种形式。叠韵如：“盱豫（豫卦六三），恒振（恒卦上六）。”叠音如：“乾乾（乾卦九三），夬夬（夬卦九三），眈眈（颐卦六四），蹇蹇（蹇卦六二）。”押韵如渐卦九三爻“鸿渐于陆，夫征不复，妇孕不育”。该爻中“陆、夫、妇、复、育”

共五个押韵字，各分句头尾押韵连成一体。换韵如屯卦六二爻“屯如邅如，乘马班如。匪寇，婚媾。女子贞不字，十年乃字”。该爻共六个小句，其中前两句“如”字重韵，中间两句“寇，媾”押韵，后两句“字”字重韵。另外，如果去掉爻辞中“吉、凶”等表示价值评判的占验辞，那么相邻爻辞的叙辞之间也有押韵的情况，如乾卦爻辞：“九二，见龙在田，利见大人。九三，君子终日乾乾，夕惕若，厉无咎。九四，或跃在渊，无咎。九五，飞龙在天，利见大人。”从乾卦九二爻到九五爻“田、乾、渊、天”共四个押韵字。从以上例句可以看出，《周易》卦爻辞的叙辞大都采用了韵文的形式，而且音韵形式灵活多样，不拘一格，读起来仍朗朗上口，给人以诗歌般优美和谐的音韵感。

六、《周易》卦爻辞的修辞手法

《周易》卦爻辞不仅采用了诗歌的形式，而且采用了诗歌艺术的修辞手法，已经具备了“赋、比、兴”的雏形，这些修辞手法的应用加强了《周易》卦爻辞的艺术表现力，更凸显了《周易》卦爻辞的修辞美。

“赋”就是直接陈述和描写人物场景，如前所述，《周易》中许多卦爻辞是对古代战争、婚嫁、商旅、渔猎、畜牧等生活和劳动场面的直接叙述。如同人卦：“初九，同人于门，无咎。六二，同人于宗，吝。九三，伏戎于莽，升其高陵，三岁不兴。九四，乘其墉，弗克攻。吉。九五，同人先号咷而后笑，大师克相遇。上九，同人于郊，无悔。”同人卦是对古代整个战争过程的描写，“同人于门”和“同人于宗”是战前的动员准备工作，将远近内外的人都要团结起来，最大范围地争取民众的支持。“伏戒于莽，升其高陵，三岁不兴”表明战争已经进入实质阶段，双方正在开展长期的敌情侦察，战斗随时都可能打响。“乘其墉，弗克攻”是对战争中双方攻城略地的描写。“同人先号啕而后笑，大师克相遇”描写了战争结束后人们悲喜交加的心情，而“同人于郊”描写的是战争取得胜利后人们在郊外举行庆功大会的盛大场面。《周易》卦爻辞生动的陈述和描写不仅给人以身临其境的感受，而且让读者对《周易》的思想主题有一种形象而直观的体验。

“比”就是打比方，用一件事物去比拟另一件事物。《周易》卦爻辞常常采用比喻的修辞方法，用人们熟知、浅显而具体的事物去比拟陌生、深奥而抽象的道理。如坤卦卦辞：“利牝马之贞。”牝马即雌马，是人们日常生活和生产中常见的动物，牝马不仅能够生养小马驹，而且性情温驯，还能够承载重物。“坤”指大地，《周易》作者用牝马的特征来比喻大地具有的特性，大地顺承天道而具有柔顺之德，同时大地又滋养并承载着万物。《周易》作者再借用大地来进一步比喻人事，从而引申出君子“厚德载物”之思想，君子应该具有大地一般柔顺的性情和高尚的德行，甘愿承担重任而不争名利。《周易》卦爻辞这种比喻的修辞手法使深奥的道理变得浅显易懂，而让人从中受到深深的教诲。

“兴”就是先言他物以激发联想，即借别的事物或景象来抒发感情。起兴是《周易》卦爻辞常用的修辞手法，如中孚卦九二：“鸣鹤在阴，其子和之。我有好爵，吾与尔靡之。”“我”看到鹤在幽暗处鸣叫，其同类也跟着应和，“我”便产生了欲邀“尔”共饮美酒的激情，从而起兴起“我”与“尔”之间志趣相投、相濡以沫的感情。如明夷卦初

九：“明夷于飞，垂其翼。君子于行，三日不食。”该爻先讲黑暗中鸟儿拖着沉重的翅膀艰难地飞行，以起兴起君子急于逃离黑暗的是非之地，连饭也顾不上吃，一副饥肠辘辘的形象。托物寓情的起兴手法增强了《周易》卦爻辞的艺术特性，给读者以无限的遐想和美的感受。

七、《周易》中的“象”

《周易》是一部独具魅力的象征表意的奇书。《周易》之所以奇特，之所以博大精深，在很大程度上源于《周易》独特的表述方式——观物取象。《系辞下传》曰：“古者包牺氏之王天下也。仰则观象于天，俯则观法于地，观鸟兽之文与地之宜，近取诸身，远取诸物，于是始作八卦，以通神明之德，以类万物之情。” 这段话的意思是说伏羲在取得统治地位后，通过观察各种自然现象，创作了八卦，用取象隐喻天地之道和万物化生之规律。从伏羲创作八卦的过程可以看出，“取象”的前提是“观物”。“观物”是对自然界和生活中具体实物的直接观察和感受。“取象”则是对这些具体实物的提炼和概括，通过模拟、象征、比喻等方式形成具有抽象意义的“象”。那么《周易》作者为什么要采用“象”这种特殊的表述方式呢？《系辞上传》云：“圣人有以见天下之赜，而拟诸其形容，象其物宜，是故谓之象……子曰：‘书不尽言，言不尽意。’然则圣人之意其不见乎？子曰：‘圣人立象以尽意’。”即是说圣人发现天下的事理艰深晦涩，就把它比拟成具体的容貌形态，借以象征事物适宜的意义。而书面文字不能完全表达语言，语言不能完整传达圣人的意思，于是圣人用“象”完整地表现他的思想。

“象”贯穿于《周易》全书，准确认识“象”就相当于掌握了透析《周易》的法门。“象”具有两个层面，一是自然和社会中广泛存在的具体物象；二是从这些物象中抽象出来的寓意，物象可以千变万化，而寓意却是永恒不变的。以乾卦为例，《说卦传》列举了“乾”所代表的十四种物象：“乾为天、为圜、为君、为父、为玉、为金、为寒、为冰、为大赤、为良马、为瘠马、为驳马、为木果。”其实“乾”所能代表的物象远不止这些，但“乾”所指的寓意只有一个，即《说卦传》所言：“乾，健也。”乾卦卦爻辞描写了龙从“潜”到“亢”的不同形态，寓意着一种刚健有为、自强不息的人文精神。《周易》六十四卦各具有特殊的“象”，也就是每卦所要集中阐述的中心思想和道理，研习《周易》只有从“象”入手才能洞悉《周易》博大精深的文化义理。

文化导读

上经

乾卦第一

乾卦

乾：元，亨，利，贞。

【今译】

乾：元始，亨通，和谐，正固。

【导读】

乾卦代表天，本卦讲阳刚之德和自强不息的精神。从卦象来看，乾卦上下均为乾，乾象征天道，一切积极向上的事物都可以归于乾。天具有元始、亨通、和谐、正固四种德性。天道是万物创始化生的源头，故天具有“元始”之德。天能使万物成形生长，畅通无阻，故天具有“亨通”之德。天使万物各得其利，和谐共存，故天具有“和谐”之德。天赋予万物不同的秉性，并使之贞正固守各自的性质，故天具有“正固”之德。乾卦六爻皆为阳爻，代表天的阳刚之美。天道运行刚劲强健，永无止息，君子当效法天道而“刚健有为”，培养起自强不息、奋发图强的进取精神。乾卦的爻辞以龙为象征，龙之为物善变，能潜于渊，能行于地，能飞于天，比喻君子在不同时间宜采取不同的行动。

初九，潜龙勿用。

【今译】

初九，龙潜伏在地下，暂时不能施展才能。

【导读】

初九爻位于乾卦最底部，象征事物的肇始阶段，此时阳气最为薄弱且藏于地下，不能对外发生作用，故以“潜龙”为喻，比喻此时君子位卑力微，当隐忍等待时机，万不可轻举妄动。但这并不意味着消极无为，君子应积极地利用时机不断培育自己的才德，为进一步发展创造条件。

九二，见龙在田，利见大人。

【今译】

九二，龙出现在田间，利于有才德之人出来治世。

【导读】

九二爻居下卦中位，既不失阳刚气质，又具有中和之德。龙出现在田间表示阳刚之气已上升至地表，比喻具备了一定才德的人初出治世，崭露头角。有远大志向的君子不可长期埋没自己的才德，当时机成熟时应当挺身而出，毫不犹豫地去建功立业。但他毕竟是初出茅庐，涉世未深，因此行事不可偏激，坚守中庸之道是为上策。

九三，君子终日乾乾，夕惕若，厉无咎。

【今译】

九三，君子整天勤奋不已，夜间还时时警惕，这样的君子即使遇到危险也会免于灾祸。

【导读】

九三爻位于乾下卦最上端，代表阳气继续升腾，比喻君子处于事业顺利发展阶段，但同时也使君子面临严峻考验。此时君子毕竟羽翼未丰，他需要不懈努力来增进才德，即使到了夜间也不能有丝毫懈怠，而应始终小心警惕，如此即使身处危境

也能免于灾祸。

九四，或跃在渊，无咎。

【今译】

九四，龙或腾跃上天，或退居深渊，均不会有灾祸。

【导读】

九四爻虽然处于上卦的最下端，但毕竟已进入上卦，代表阳气进一步增强，比喻君子的事业刚刚进入一个新的阶段。此时君子面临着进退的抉择，进可如龙飞腾上天，退亦如龙潜入深渊。无论进退都必须审时度势把握恰当的时机，伺机而动就不会遭受灾祸。

九五，飞龙在天，利见大人。

【今译】

九五，龙飞上了高空，利于有大德大才之人出来治世。

【导读】

九五爻以阳爻居上卦中位，此时阳气处于最佳饱和状态。九五爻中的“大人”有别于九二爻所称之“大人”，此处指具有大才大德之人，犹如飞腾在天的巨龙受万物敬仰。他应该充分地发挥自己的才德来治理世事，为民谋福。

上九，亢龙有悔。

【今译】

上九，龙高飞至极限，终将有所悔恨。

【导读】

上九爻位于乾卦的最上端，代表阳气过盛，从此开始阳气将渐次衰落，阴气逐渐生成。龙已高飞至穷极的位置，如继续前进必将走向反面。爻辞以此为喻告诉人们盛极必衰、物极必反的道理。于人事而言，当处于人生事业顶峰时应该有所警惕和节制，如果只知进而不知退，必将招致悔恨。

用九，见群龙无首，吉。

【今译】

用九，出现一群龙，谁也不愿以首领自居，这是很吉利的。

【导读】

用九为乾卦所独有，表示乾卦六爻都是九，九为极阳之数，阳极阴生，乾卦的六个阳爻必将全部转化为阴爻。群龙的阳刚之气开始转化为阴柔之德，它们不再逞强争当首领，比喻刚健有为的人采取了平等共处、不以领袖自居的处世态度，结果自然是大吉大利的。

坤卦第二

坤卦

䷁

坤：元，亨，利牝马之贞。君子有攸往，先迷，后得主，利。西南得朋，东北丧朋，安贞吉。

【今译】

坤：元始，亨通，像雌马那样坚守正道是有利的。君子有所行动，如果领先居首就会迷失方向，如果跟随人后就会有人出来做主，结果是有利的。往西南方会得到朋友，而往东北方则会失去朋友。安于坚守正固是吉利的。

【导读】

坤卦代表大地，本卦讲顺从之道。从卦象来看，坤卦上下均为坤，坤是大地的象征，大地生养了万物，因此同乾卦一样也具有元始和亨通的德行。乾卦讲阳刚之德，坤卦讲柔顺之道，如果能像雌马那样坚守柔顺的正道是有利的。因此，以坤道行事的君子切不可抢先居首，不然就会迷失方向。如果他能坚守柔顺的本性，跟随人后，具有乾阳之德的人就会出来为他做主，结果是有利的。西南是阴气聚集的地方，东北方是阳气汇集的地方，坤卦六爻皆阴，同类为朋，因此往西南方会得到朋友，而往东北方则会失去朋友。总之，只要能安于坚守柔顺的正道就能获得吉利。

初六，履霜，坚冰至。

【今译】

初六，踩到霜，坚冰就要到来。

【导读】

初六爻位于坤卦的最下端，代表阴气初起凝结成霜，但随着严冬的来临势必结成坚硬的冻冰，所以当人们脚下踩到微霜，就应该知道寒冷的冬天不久就要到来，爻辞以自然现象为喻告诉人们见微知著和防微杜渐的道理。

六二，直方大，不习无不利。

【今译】

六二，正直，端正，广大，不败，无所不利。

【导读】

六二爻位于下卦的中位，具有中正之德。大地又直又方，且极为广大，以此象征坤道正直、端正、广大的性质。如果人具备了正直、端正的品质和广大的胸怀就能够立于不败之地，无所不利。

六三，含章可贞，或从王事，无成有终。

【今译】

六三，内含才华，坚守正固。如果辅佐君王，功成不自居，始终尽职。

【导读】

六三爻位于下卦的最高位，表明君子才德有了增进，但他含蓄而不外露，始终遵循坤道柔顺的本质。他或追随君王从事政务，不居功自傲，但能安守追随者的本分恪尽职守。

六四，括囊，无咎无誉。

【今译】

六四，像扎紧的口袋一样缄默不语。无赞誉，无灾祸。

【导读】

六四爻已经上升到上卦的初爻，距离君位六五爻最近，这是一个非常危险的位置。爻辞以扎紧口袋为喻告诫追随者应当缄口不言，明哲保身，虽然得不到赞誉，但也可以免于灾祸。

六五，黄裳，元吉。

【今译】

六五，穿着黄色裙裳，最为吉利。

【导读】

六五爻占据了坤卦的尊位，表明追随者已经获得了很高的地位。黄色是土地的颜色，土位于五行的中央，因此黄色象征着中道。古时称上装为衣，下装为裳。爻辞用“黄裳”比喻此时追随者虽已身处高位，但仍然保持着中和谦下的美德，结果自然是大吉大利的。

上六，龙战于野，其血玄黄。

【今译】

上六，龙战于野外，流出黑黄的血。

【导读】

上六爻居于坤卦最高位，此时阴气已经过盛，势必转化为阳。爻辞用龙战于野外，流着黑黄的血来比喻追随者不再安守坤道而去争夺主人的地位，与主人发生了激烈的战斗，结果两败俱伤。爻辞一方面告诫身居主人地位的君子务必时刻警惕小人的觊觎，防止重用阴险的小人，以免招致凶险，同时也奉劝处于从属地位的追随者始终坚守谦卑的美德，避免做出以下犯上的蠢事。

用六，利永贞。

【今译】

用六，利于永久坚守正固。

【导读】

用六为坤卦所独有，表示坤卦六爻皆用六,六为极阴之数，势必转化为阳，即坤转化为乾，但坤永远固守着自己阴柔的正道，同时又具备了乾卦的阳刚之气，如此阴阳相合、刚柔相济而臻于完美。爻辞断之以“利永贞”还说明坤虽然可以转化为乾，但它本身并不是乾，不能取代乾的地位，它应当坚守坤道而从属于乾才是有利的。

屯卦第三

屯卦

䷂

屯：元亨，利贞，勿用有攸往，利建侯。

【今译】

屯：极为亨通，利于坚守正道。不宜对外采取行动，利于建立诸侯国。

【导读】

屯卦象征初生，代表万物始生时的困难状态。本卦讲人们该如何面对创业之初的困难。从卦象来看，屯卦下卦为震，上卦为坎，震代表雷，惊雷唤醒万物，而坎代表水，水能够滋生万物，因此屯卦整个卦象比喻万物复苏获得新生。虽然新生事物面临重重困难，但却蕴含着无穷的生命力，迸发出勃勃生机，其生长的势头是极为亨通的。万物初生之时当坚守正道，固其根本才能克服艰难、茁壮成长。对国家而言，在国家初创时期困难重重，不宜对外轻举妄动，而是要对内建立巩固的国家体系，为国家的发展创造一个良好的内部政治环境。《周易》成书于周代，“利建侯”是对当时国家体制的客观描绘。周朝建国之初，周武王大封功臣，建立诸侯国，不仅笼络了人心，而且使社会趋于安定，为周朝的长治久安奠定了基础。

初九，磐桓，利居贞，利建侯。

【今译】

初九，徘徊不前，利于安居而守正，利于分封诸侯。

【导读】

初九爻以阳爻位于屯卦最下方，象征事物尚处于开创时期，此时充满了种种困难和诸多不确定因素，使人犹豫不决，徘徊不前。在困难时期，对个人而言坚守正道是有利的，对国家则要建立诸侯邦国，以利于社会稳定和国家长治久安。

六二，屯如邅如，乘马班如。匪寇婚媾，女子贞不字，十年乃字。

【今译】

六二，初创时期彷徨不前。骑马徘徊，不是强盗，而是来求婚配的，女子坚贞不嫁，十年后才嫁。

【导读】

六二爻以阴爻居偶位是为得正。此时事物仍然没有摆脱草创时期的艰难，叫人彷徨难以前进。爻辞接着讲了一个故事：有人骑着马儿徘徊不前，他不是匪寇，而是前来求婚的。然而女子却坚贞不嫁，要等十年才嫁。这个故事告诉人们在困难时期要树立坚定的意志耐心等待。

六三，即鹿无虞，惟入于林中，君子几，不如舍，往吝。

【今译】

六三，追逐鹿而无管理山林之人引导，鹿逃入林中，君子决定不如舍弃，追下去会招致羞辱。

【导读】

六三爻位于下卦最上方，以阴爻居奇数位，不中不正，象征急于冒进，轻举妄动的人。古人狩猎如果没有管理山林的“虞人”作为向导，就很容易在山林里迷路。君子在没有虞人帮助的情况下去追逐野鹿本属轻率之举，好在鹿逃入山林后君子

预见到如一味追下去则可能会迷失于山林，于是果断放弃猎物，否则只会给自己带来羞辱。爻辞用古人狩猎为喻告诉人们在困难时刻务必保持清醒的头脑，切不可盲目冒进。如果人们已经采取了轻率的行为，他们必须预见到前面可能会面临的危险，并当机立断予以终止，不然终将招致羞辱而追悔莫及。

六四，乘马班如，求婚媾，往吉，无不利。

【今译】

六四，骑马徘徊，前去求婚配，前往是吉利的，无所不利。

【导读】

六四爻以阴爻居偶数位，得正。本爻继六二爻之后接着讲求婚的事，经过长时间耐心等待，求婚者再次前往求婚。由于处在艰难时刻，他仍然有些犹豫，因而骑着马徘徊不前。但六四已经得到女子“十年乃字”的承诺，故这次前往求婚结果是吉利的，并且是无所不利。

九五，屯其膏，小贞吉，大贞凶。

【今译】

九五，囤积膏泽，于小人物，他若能坚守正道结果也还是吉利的，但于大人物，即使坚守正道也难免遭遇凶险。

【导读】

九五爻居上卦中位，得正，地位至尊。“屯其膏”就是把膏泽囤积起来，不与人分享，这种自私自利的行为对于困难时期的小人物来讲是可以理解的，如果他尚能坚守正道，结果是吉利的。但对处于至尊地位的大人物来讲，面对人民的疾苦他本应广施恩泽以赢得人民的拥戴，而他却将膏泽囤积起来，不施与困难中的人们享用，即使他坚守正道也难以独善其身，势必激起民怨而招致凶险。

上六，乘马班如，泣血涟如。

【今译】

上六，骑马徘徊，血泪长流。

【导读】

上六爻位于屯卦最上方，表明已经到了最为困难的时候。有人骑着马徘徊不前，流着长长的血泪，悲伤至极。然而这种困境不会持续太久了，物极必反，屯极必通，只要有坚定的意志并坚守正道就一定能够绝处逢生。

蒙卦第四

蒙卦

蒙：亨。匪我求童蒙，童蒙求我。初筮告，再三渎，渎则不告。利贞。

【今译】

蒙：亨通。不是我有求于蒙昧的幼童，而是蒙昧的幼童有求于我。第一次占筮，告之结果。再三占筮，就是亵渎，亵渎则不告之结果，利于坚守正道。

【导读】

蒙是蒙昧的意思，本卦讲的是启蒙教育的问题。从蒙卦卦象来看，蒙卦上卦为艮，下卦为坎，艮代表山，坎代表水，整个卦象犹如山下有泉水涌出，泉水四处漫流而不知所终，此时应有人开沟挖渠加以疏导才能汇流成河，比喻教师对于无知的蒙童当施以启发教育，循循善诱，方能使之成才。儿童虽然幼稚蒙昧，却具有畅通无阻的发展潜力，但前提是一定要施以启发教育。教育要充分调动学生的主观能动性，因此要让蒙童主动向老师请教，而不是老师去求蒙童来接受教育。接受启蒙教育就如同求筮问卜一样，应当怀有至诚之心。古人认为在求筮过程中如果是初筮，心怀诚意，神灵就告知以占筮的结果。若心无诚意，再三求筮，则是对神灵的亵渎，就不告知其结果。在启蒙教育中亦是如此，如果求学者初次求教，态度诚恳，教师就应当给予教诲；如果求学者心意不诚，再三求问就是对教师的轻慢，教师对这样的学生可以不予理会。启蒙教育必须坚守正道，防止蒙童误入歧途。

初六，发蒙，利用刑人，用说桎梏，以往吝。

【今译】

初六，进行启蒙教育，利于树立典范，使蒙童摆脱蒙昧的束缚。如听任放流，最终将招致羞辱。

【导读】

初六爻以阴爻位于蒙卦的最下方，象征教育的初始阶段，教育的对象是最幼稚的蒙童，如果采用空洞的说教，恐难以达到理想的教育效果，而通过树立典范和具体的榜样让蒙童去效仿，就能帮助他们尽快摆脱蒙昧的束缚。对于蒙昧的儿童应当及时施以启蒙教育，如听之任之、放任自流，就会给他们带来羞辱。

九二，包蒙，吉。纳妇，吉。子克家。

【今译】

九二，被蒙昧环绕，吉利。娶妻，吉利。儿子能够治家。

【导读】

九二爻以阳爻居下卦中位，前后初、三、四、五爻均为阴爻，阳爻象征老师，而阴爻象征蒙昧之人。九二爻恰似一位受人尊敬的师长被一群求知的蒙童环绕着，他正给这些蒙童施以教诲，这当然是吉利的。古时男主外，女主内，教育子女的重任多落在妇女身上，娶一位贤内助当然是吉利的，她能够培养起子女持家立业的能力。

六三，勿用取女，见金夫，不有躬，无攸利。

【今译】

六三，不能娶这样的女子，她见了美貌男子就失去自我，娶她没什么好处。

【导读】

六三爻居于下卦的最高位，且以阴爻居奇数位，不中不正，象征一位轻浮的女子见到美貌男子就失去了自我，不能娶这样的女子，娶她没有任何好处。这一爻告诫人们接受教育要持之以恒，不可见异思迁。

六四，困蒙，吝。

【今译】

六四，受困于蒙昧，遭到羞辱。

【导读】

六四爻以阴爻居上卦首位，这是一个很危险的地方，前后都是阴爻，而远离阳刚的九二爻，象征蒙昧之人远离贤师而困于蒙昧之中，得不到老师的教诲，这终将招致羞辱。

六五，童蒙，吉。

【今译】

六五，幼稚的儿童，吉利。

【导读】

六五爻以阴爻居上卦中位，具有中和谦逊的美德。童蒙虽然幼稚，但能够虚心接受老师的教诲，因而吉利。

上九，击蒙，不利为寇，利御寇。

【今译】

上九，击打蒙昧，不宜采取过于激烈的手段，利于采用适当的惩罚措施。

【导读】

上九以阳爻居偶数位，不正且阳刚过盛，象征昏蒙至极、冥顽不化之人，对于这样的蒙昧之徒宜采用“击打”的方式，即施以必要的惩罚加以管教和约束，以矫正他们的错误行为。但启蒙教育应当遵循循序渐进的原则，不可操之过急，所以必要的惩罚措施不宜过于激烈，适当严厉即可。

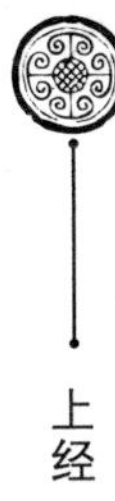

需卦第五

需卦

需：有孚，光亨，贞吉，利涉大川。

【今译】

需：诚信，光明，亨通，坚守正道，吉利。利于渡过大江大河。

【导读】

需卦象征等待，本卦讲与等待相关的道理。从卦象来看，需卦上卦为坎，下卦为乾，坎代表水，而乾代表天，整个卦象表示水在天上，而天上之水为云，此时天空乌云密布，但还需等待时日才会下雨，因此需卦之象寓意耐心等待。任何事物都有其自身发展的过程，发展是需要时间的，在这个过程没有结束之前，人们只能耐心等待，切不可急躁冒进。等待是有条件的，这个条件就是诚信，坚守诚信耐心等待，一旦条件成熟，前途自然光明而又亨通。在等待的过程中始终守持正道，结果自然是吉利的。大川，即大江大河，比喻巨大的困难，人们只要心怀诚信且坚守正道，静待时机到来，就能够克服各种艰难险阻。

初九，需于郊，利用恒，无咎。

【今译】

初九，在郊外等待，保持恒心是有利的，没有过错。

【导读】

需卦上卦为坎，坎为水，代表危险之地。初九爻位于需卦最下方，距离坎之险最远，就如同在郊外等待一样，那里是开阔平坦的陆地，距离危险的河岸最远，因而是十分安全的。然而初九毕竟是阳爻，颇具阳刚之性，恐有急躁冒进之嫌，故爻辞告诫之以恒心等待是有利的，可以免除过错。这一爻说明在等待时应该远离危险，以确保安全，同时要有持久的耐心，万不可轻举妄动。

九二，需于沙，小有言，终吉。

【今译】

九二，在沙滩上等待，有些小小的非议，最终是吉利的。

【导读】

九二爻逐渐接近于上卦坎，犹如在水边的沙滩上等待。九二爻虽未涉险，但与初九爻相比毕竟更接近危险，因此会遭人小小的非议。九二爻以阳爻居下卦中位，既具阳刚之气，又不失中和之德，它能够以一种平静的心态耐心等待，所以最终结果仍然是吉利的。

九三，需于泥，致寇至。

【今译】

九三，在泥泞中等待，招致匪寇到来。

【导读】

九三爻更加接近于上卦坎，犹如在水边的淤泥中等待。九三爻以阳爻居下卦最高位，过于刚健激进，有急躁冒进的冲动，会有深陷泥潭不能自拔的可能。匪寇比喻来自外部的危险，危险是否会真的来临完全取决于九三此时的行为。如果九三冒

然前进，肯定会深陷危境，但如果他能静心等待，则可安然无恙。这一爻说明越是在接近危险的时候，越要谨慎行事，切不可急躁冒进，以免招致祸患。

六四，需于血，出自穴。

【今译】

六四，在血泊中等待，从陷穴中逃出来。

【导读】

六四爻已经进入到上卦坎，表示已经身处危境之中，受到了极大的伤害，情况十分危急，就好像在血泊中等待一样。穴比喻深深的危险。六四爻以阴爻居偶数位，是为得正，他能够在危境中从容应对，冷静地等待机会到来，最终逃出险境。人生不可能时时处处都风平浪静，随时都有深陷危境的可能，只要人们以一种从容的心态静观其变、顺势而为就能够化险为夷。

九五，需于酒食，贞吉。

【今译】

九五，在享用酒食中等待，坚守正道，吉利。

【导读】

九五爻处于全卦的尊位，以阳爻居于奇数位，且位于上卦中间，不仅具有阳刚之气，而且具有中正的德行和极高的威望，因此即使身居危境，也能一边安然地享用酒食，一边耐心等待，但他仍然需要坚守正道结果才是吉利的。

上六，入于穴，有不速之客三人来，敬之，终吉。

【今译】

上六，进入洞穴，有三位客人不请自来，恭敬地对待他们，终究是吉利的。

【导读】

上六爻以阴爻居偶数位，虽然得正，但毕竟到了坎险的顶端，已经无路可走，而且作为阴爻上六极其柔弱，面对如此危境切不可失去耐心，只能积极地寻求外援。“入于穴”表示陷入了危险之中，“不速之客三人”指的是全卦中的三个阳爻。此时已经到了最危险的时候，如果没有外援，上六只能坐以待毙了，所以三阳爻迸发出勇敢的阳刚之气，冲破坎陷，前去救援柔弱的上六。上六对主动前来救援的三位“不速之客”以礼相待，终于在他们的帮助之下脱离险境。

讼卦第六

讼卦

讼：有孚窒，惕中吉，终凶，利见大人，不利涉大川。

【今译】

讼：诚信被阻塞，保持警惕和中和之道是吉利的，但最终是凶险的。利于见到德高望重的人，不利于渡过大江大河。

【导读】

讼是争讼的意思，本卦讲与争讼有关的道理。从卦象来看，讼卦上卦为乾，下卦为坎，乾代表天，坎代表水，天自东向西而动，水自西向东而行，天水行为相左，寓意人们意见不合，行动不一致，由此必起争讼之事。争讼是由于诚信受到阻塞，大家互不信任而引起的。对于争讼之事，如果保持警惕的心理并秉持中和之道，适可而止，结果是吉利的。但争讼之事将破坏和谐的人际关系，如果得理不饶人，一味争讼不休，不仅不能解决问题，而且会更加激化矛盾，最终会带来凶险。在争讼之时应该去见德高望重的大人物，让他给予公正的裁决。由于争讼缠身，此时最重要的是及时平息争讼，不宜去克服其他艰难险阻。

初六，不永所事。小有言，终吉。

【今译】

初六，让事情中途废止，遭到小小的非议，但最终结果是吉利的。

【导读】

初六爻位于全卦的最下方，象征矛盾初起，尚未激化成争讼，此时如能采取措施及时化解矛盾，虽然会遭到别人小小的非议，但自己因此将免于长久的争讼，从长远来看不失为明智之举，结果自然是吉利的。

九二，不克讼，归而逋，其邑人三百户，无眚。

【今译】

九二，不能胜诉，回到家就逃走了，其同姓的三百户人家免于灾祸。

【导读】

九二爻虽然阳刚，却位于偶数位，是为不正，且位于下卦，讼下卦为坎，表示正处于危险之中，此时与别人发生争讼则必败无疑。他唯一的出路就是回家后逃亡，也就是在争讼的过程中主动选择避让。古时一人犯事，居住在一起的同姓族人往往会受到牵连，如能审时度势，及时放弃争讼之事，不仅可以保全自己，也使族人免遭灾祸。

六三，食旧德，贞厉，终吉。或从王事，无成。

【今译】

六三，安享已有的恩赐，坚守正道以防危险，最终结果是吉利的。辅佐君王建功立业，功成不自居。

【导读】

六三爻以阴爻居阳位，是为不正，而且自身极为柔弱，故

不宜参加争讼，只能安分守己。“食旧德”指的是享受祖先遗留下来的恩赐。周代受君王赏赐的爵位和俸禄都是可以世袭的，因此可以安然享用，但必须继续守持正道以防危险，结果是吉利的。有时可以辅佐君王从事政务，但不能与君王争功，以安守一个追随者的本分。

九四，不克讼，复即命，渝，安贞吉。

【今译】

九四，不能胜诉，回心转意归就正理，改变主意，安守正道，结果是吉利的。

【导读】

九四爻以阳爻居阴位，又处于上卦的最低位置，不正不中，且地位低下，与人发生争讼必败无疑，因此只能回心转意归就正理，改变与人争讼的初衷，安心守持正道，结果自然是吉利的。

九五，讼，元吉。

【今译】

九五，明断诉讼，大吉大利。

【导读】

九五爻以阳爻居全卦的尊位，至刚至尊，至中至正，象征一位德高望重、刚直不阿的尊者，由他来裁决争讼，定能秉公执法，明断是非，结果自然是大吉大利的。

上九，或锡之鞶带，终朝三褫之。

【今译】

上九，或许被赐予皮革制成的腰带，但是一天之内就多次被剥夺。

【导读】

上九爻以阳爻居全卦最上方，不中不正，象征争强好胜、誓要将争讼进行到底之人。“鞶带”本义是显示高贵身份的大腰带，“褫”是剥夺的意思，比喻某人通过不正当手段赢得了争讼并获得了荣耀，但是一天之内就多次被剥夺，这说明通过争讼而获得的荣耀是不会长久的，最终反而徒增羞辱。

师卦第七

师卦

䷆

师：贞，丈人吉，无咎。

【今译】

师：坚守正道，贤德的长者统帅军队，吉祥，没有灾祸。

【导读】

师指军队，师卦讲行军打仗的道理。从卦象来看，师卦上卦为坤，下卦为坎，坤为地，代表民众，坎为水，代表凶险，因此师卦整个卦象有引众赴险之意，而古时最典型的引众赴险行为莫过于行军打仗，但动用军队必须坚守正道，即师出有名，要以惩罚暴虐和维护正义为目的。“丈人”指贤德的长者，行军打仗必须选用德高望重而又老成持重之人作为军队的统帅，这样的统帅既懂得用兵之道，又令兵众心生敬畏，做到令行禁止，这是决定战争成败的关键。

初六，师出以律，否臧凶。

【今译】

初六，出师征战要有严明的纪律，否则必然有凶险。

【导读】

初六爻位于师卦的最底部，象征处于行军打仗的开始阶段。良好的纪律是军队取得胜利的根本保证，因此在战争伊始就必须严明军纪，军纪涣散则必然招致凶险。

九二，在师，中吉，无咎。王三锡命。

【今译】

九二，在军中任统帅，中正不偏，吉利，没有灾祸。君王多次奖励，委以重任。

【导读】

九二爻是师卦中唯一的阳爻，恰似军中的统帅。九二以阳爻居中，象征统帅具有刚毅的性情和持中不偏的行事风格，这样的统帅自然能够得到兵众的信服和拥戴，这对于行军打仗是很吉利的，当然不会有灾祸。将帅在外征战，能否得到君王的充分信任也是决定战争胜负的关键因素。如果君王对军队统帅用而不信，处处加以牵制，使统帅无所适从，则军队将必败无疑。像九二爻这样才德兼具的统帅自然能获得君王的信任，多次受到嘉奖并被委以重任。

六三，师或舆尸，凶。

【今译】

六三，士兵不时用车载尸体回来，凶险。

【导读】

六三爻以阴爻居阳位，且位于上卦最高位，不正不中，象征一位好大喜功却才疏德薄的统帅。军队在这样一位统帅的指挥下只会惨败，最终用车满载士兵的尸体归来，落得个惨不忍睹的结局。这一爻从反面再次强调了军队统帅的重要性。

六四，师左次，无咎。

【今译】

六四，军队适时撤退，没有灾祸。

【导读】

六四爻以阴爻居阴位，位于上卦最下方，得正而不得中，象征军队实力极其虚弱，此时如果继续战斗下去，取胜的可能性很小，统帅因此作出明智的抉择，暂时主动撤退，保存实力择机再战。统帅根据战争形势发展和敌我双方实力对比进退自如，在形势不利且己方实力不济的情况下主动选择撤退并不是怯弱的表现，而是灵活的用兵之道，当然不会有灾祸。

六五，田有禽，利执言，无咎。长子帅师，弟子舆尸，贞凶。

【今译】

六五，田野中有雉禽，利于捕获，没有灾祸。委任贤德的长者可以统帅军队，而委任无才德的小人将载尸败归，坚守正道以防止凶险。

【导读】

六五爻以阴爻居尊位，性情柔弱中和，他不会主动挑起战端，但若有外敌来犯，处于至尊地位的六五有义务承担起驱赶外敌的责任。“田野中有雉禽”象征此时遭到了敌人的侵犯，“利于捕获”比喻迎头痛击来犯之敌，这是正义的行为，不会有什么灾祸。六五自身柔弱不能领兵打仗，因此他需要委派恰当的人来统帅军队。“长子”借代为具有贤德的长者，这样的人做军队的统帅是当之无愧的。“弟子”借代无才无德的小人，任用这样的人作为军队的统帅只会造成载尸而回的惨败结局。在动用军队抵御外敌时必须坚守正道，以防发生凶险。

上六，大君有命，开国承家，小人勿用。

【今译】

上六，天子颁布诏命，封诸侯，封卿大夫，但小人决不可以重用。

【导读】

上六爻是全卦的终点，象征战争结束，军队凯旋。君王颁布法令，论功行赏。立大功者封国成为诸侯，立小功者承家成为卿大夫，但绝不能任用小人。

比卦第八

比卦

䷇

比：吉。原筮，元永贞，无咎。不宁方来，后夫凶。

【今译】

比：吉祥。再次求筮，从一开始就永远坚守正道，不会有灾祸。心怀不安地前来亲辅，迟到的有凶险。

【导读】

比是相亲相近、辅助的意思，本卦讲交友之道。从卦象来看，比卦上卦为水，下卦为坤，宛如水附着在地上，二者亲密无间。又从卦形来看，比卦唯一的阳爻居上卦中位，至刚至尊、至中至正，前后有五个阴爻紧紧相随，象征群众和领袖之间、群众与群众之间相亲相辅、亲密团结的形象，这当然是吉利的。原筮就是再次求筮，比喻在决定亲比和辅助对象的时候一定要再三考察，谨慎而行。与人亲比自始至终永远坚守正道就没有灾祸。然而有些人并非出于自愿，而是因为走投无路了才心怀不安地前来亲比，这些姗姗来迟的人是有凶险的。

初六，有孚比之，无咎。有孚盈缶，终来有它，吉。

【今译】

初六，有诚信，亲辅于他，不会有灾祸；诚信如同美酒注满酒缸，远方的人前来亲辅，吉利。

【导读】

初六爻位于全卦的最下方，象征亲辅之初始。爻辞首先讲要有诚信，说明诚信是亲辅的前提，从亲辅初始起就应该讲诚信，以取得彼此的信任才不会有灾祸。内心充满诚信就像酒缸里装满了酒，酒香能飘到遥远的地方，比喻内心的诚信远方的人同样也能感知到，于是他们也前来亲辅，这当然是吉利的。诚信不仅能增强内部的凝聚力，而且能够加强对外感召力，由此可见诚信乃是亲辅之本。

六二，比之自内，贞吉。

【今译】

六二，内部相亲相辅，坚守正道，吉利。

【导读】

六二爻以阴爻居阴位，得正得中，象征一位中和正直的人。“比之自内”指与内部的人相亲相辅，如果内部成员都能够做到中和正直，那么大家自然能精诚团结，从而创造一个良好和睦的内部环境。内部的相亲相辅也需要坚守正道才能获得吉利。爻辞从正面强调了选择亲辅对象的重要性。

六三，比之匪人。

【今译】

六三，相亲相辅于行为不端正的人。

【导读】

六三爻以阴爻居阳位，又位于下卦顶端，不中不正，象征一位行为不端的人。相亲相辅必须坚守正道，如果对方品行不端，行为不轨而与之亲辅，不但不会带来利益，反而会引起祸端。爻辞从反面再次强调应慎重选择亲辅对象。

六四，外比之，贞吉。

【今译】

六四，相亲相辅于外人，坚守正道，吉利。

【导读】

六四爻以阴爻居阴位，得正，又处于上卦最底部，上卦又称为外卦，恰似一个正直的人向外寻求亲辅。亲辅不能只限于内部成员，而应该积极地向外拓展，主动去亲辅于那些贤德而高尚的人。向外亲辅也应该坚守正道才能获得吉利。

九五，显比。王用三驱，失前禽，邑人不诫，吉。

【今译】

九五，光明正大地亲密比辅。君王在田野围猎，从三面驱赶，网开一面，听任禽兽从前面开放的地方逃走，当地的民众也不戒备，吉祥。

【导读】

九五爻以阳爻作为全卦之主，其他阴爻都来亲辅于它，恰似一位刚正不阿而受人拥戴的君王。古代君王狩猎时从左右后三方合围，在前方网开一面，凡迎面而来的野兽一概捕获，其余的任其从前面开放的地方逃走，而当地的民众也没有必要因为君王前来狩猎而警惕戒备。爻辞以君王狩猎为喻，旨在说明凡是真心来亲辅的应全部接纳，而不愿意来亲辅的就任其离去，体现了君王宽厚仁慈的胸怀及其与臣民亲密无间的关系，同时也再次强调亲辅一定要建立在诚信自愿的基础上，而不能勉强。

上六，比之无首，凶。

【今译】

上六，相亲相辅却不居先，凶险。

【导读】

上六爻以阴爻居阴位，虽正而极为柔弱，又位于全卦之末端，比喻一位自身懦弱而又迟迟不愿意亲辅于贤能君王的人，也就是卦辞中所谓“不宁方”。他在穷途末路的情况下才去归附贤能君王，这种行为并不是出于内心的诚信，所以他的亲辅行为是会有凶险的。

小畜卦第九

小畜卦

䷈

小畜：亨。密云不雨，自我西郊。

【今译】

小畜：亨通。乌云密布却不下雨，云气是从西郊升起来的。

【导读】

畜本义为蓄积，又引申为养、止，本卦讲在蓄积力量的过程中应该遵守的原则和道理。在《周易》中，阳为大，阴为小，本卦只有六四一个阴爻，其余均为阳爻，象征以阴蓄阳，故称“小畜”。以一阴蓄养五阳，志向远大但毕竟力量有限，还有待进一步蓄积力量，待力量壮大且时机成熟就无所阻挡，故称之为亨通。“密云不雨，自我西郊”比喻蓄积力量是一个漫长的过程，不可能一蹴而就。“不雨”表示阴气还没有达到饱和状态，象征蓄积的力量还不够强大。西方是阴方，密云不断地来自西郊表示阴气在不停地增长，下雨只是个时间问题，象征力量的壮大是势不可当的。

初九，复自道。何其咎？吉。

【今译】

初九，返回自己的正路，有什么灾祸呢？吉利。

【导读】

初九爻以阳爻居阳位，得正，但位于全卦最下方，表示力量不足，前方又有六四蓄止，自知不能急于冒进乃复归本位，回到自己原来的正道。初九这种谨慎的态度是不会招来灾祸的，结果自然吉利。这一爻旨在告诉人们：当自己实力不济而环境又不利的情况下不可急于前进，应该复归自己原来的正道，静待时机成熟再出动。

九二，牵复。吉。

【今译】

九二，被牵引回到自己的正道，吉利。

【导读】

九二爻以阳爻居中，虽有阳刚之气而欲冒进，但受到六四的蓄止和初九的牵引而复归自己的正道。九二的复归虽然并非出于自愿而是受外力影响，但毕竟返回了正道，当然是吉利的。有时候人们难免会有一些错误的想法，如果能够审时度势并且在外在因素的制约下及时改正，也是极为可贵的。

九三，舆说辐，夫妻反目。

【今译】

九三，车脱掉了辐条，夫妻反目。

【导读】

九三爻以阳爻居阳位，得正，又位于下卦最高位，阳刚过盛而欲进不止，但前面有六四蓄止，结果在付出惨重的代价后被迫停止下来，就如同前进的马车撞坏了辐条不能再前进了一样。九三和六四一阳一阴有夫妻之相，夫妻本应志同道合，但此处九三欲冒进，而六四欲蓄止，志趣完全相反，以致夫妻反目，分道扬镳。这一爻说明人们应审慎地选择志趣相投的同伴共同进退，如大家目标不一致而各怀心思，最终只会各奔东西

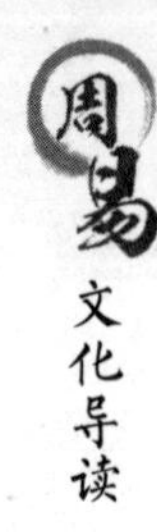

乃至反目成仇。

六四，有孚。血去，惕出，无咎。

【今译】

六四，有诚信，抛弃忧恤和戒备，没有灾祸。

【导读】

六四爻是本卦唯一的阴爻，以阴爻居阴位，得正。六四爻虽柔弱，但他心怀诚信，对人坦诚相待，自然能赢得别人的帮助和保护，因此他可以免除忧恤和戒备，这是没有灾祸的。爻辞再一次强调了为人处世当以诚信为重。

九五，有孚挛如，富以其邻。

【今译】

九五，用诚信将大家牵系在一起，和邻居一起富裕。

【导读】

九五爻以阳爻居尊位，至中至正，至刚至尊。《周易》以阳为实为富，以阴为虚为不富。九五爻蓄积了相当的财富，但它不独享其富，而是真诚地将左邻右舍紧紧地牵系在一起，让大家实现共同富裕，体现了一种大公无私的高尚情怀。

上九，既雨既处，尚德载。妇贞厉。月几望，君子征，凶。

【今译】

上九，下雨了，又停了。阳气被阴气积载。妇女要坚守正道以防危险。月亮要满盈了，君子出征，凶险。

【导读】

上九爻处于全卦的最高位，表示蓄积已经达到了极点。卦辞中所谓“密云不雨”到现在已经降下来了，而且又停了。阴气通过不断地蓄积已经达到了饱和状态，阳气被阴气积载，一阴蓄五阳终于取得成功。此时阴气若继续蓄积则必然向反面发展，正如月盈满之后必然亏缺。《周易》中称君子为阳，小人为阴，阴气过度积蓄对于君子来讲是极为不利的，此时君子应当更加小心谨慎以防范小人的不轨行为，任何轻举妄动都会带来凶险。

履卦第十

履卦

履：履虎尾，不咥人，亨。

【今译】

履：走在老虎尾巴后面，老虎不咬人，亨通。

【导读】

“履”本义是行走、践行的意思，本卦讲小心行事的道理。从卦形来看，履卦恰似人们穿在脚上行路的鞋子，而六三爻就好比张开的鞋口，因此履卦取义“行走”，又引申为人们的一切行为。从卦象来看，履卦上卦为乾，代表天，天高高在上，每时每刻都在注视着人们的一切行为。下卦为兑，代表泽，比喻艰难险阻。履卦的整个卦象暗喻人们的行为要遵循天道，符合礼仪规范，行事要小心谨慎，不然就会陷入困境。卦辞讲小心地走在老虎尾巴后面而老虎不咬人，比喻在人生旅途中难免会遇到凶险，但只要自己能够遵守固有的礼仪规范，小心行事，即使像遇上老虎这样的凶险之事也能够安然无恙，一路畅通无阻。

初九，素履。往无咎。

【今译】

初九，朴素，小心行走。前往没有灾祸。

【导读】

初九以阳爻居阳位，得正，又位于全卦之始，象征一位有才德的人欲迈出人生的第一步。因为初出茅庐，涉世未深，他行事本着一种朴实无华的精神，不虚浮，不张扬，一路向前而没有灾祸。

九二，履道坦坦。幽人贞吉。

【今译】

九二，小心地走在平坦的大道上。内心安恬清静的人安守正道，吉利。

【导读】

九二爻以阳爻居中，不仅具有阳刚之气而且性情中和，恰似一位内心安恬清静的人。经过自己的艰苦拼搏，人生道路进入了一个相对平坦的阶段，这时候人们应该更加小心谨慎，保持内心的平静。人们若不为外在的纷扰所牵绊，始终坚守正道，结果自然是吉利的。世人往往能在惊涛骇浪中平安无事，却在风平浪静中折戟沉沙，爻辞对世人的告诫是很有道理的。

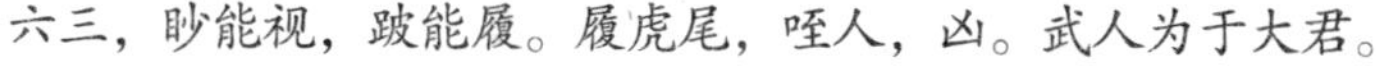
六三，眇能视，跛能履。履虎尾，咥人，凶。武人为于大君。

【今译】

六三，独眼的人能看东西，跛脚的人能走路。走在老虎尾巴后面，老虎咬人，凶险。勇武的人效力于君王。

【导读】

六三爻以阴爻居阳位，又处于下卦最高处，不正不中，象征一个才疏德薄而又急于冒进的人。独眼之人虽能视，却看不清楚，脚跛之人能行，却走不平稳，二者都比喻自身能力不济却又自以为是，而且逞强好胜之人，他们的行为就如同走在老虎尾巴后面一样，结果落得被老虎咬的下场，这当然是凶险的。“武人”指有勇无谋的人，这种人凭借勇猛和强壮可以在

一定程度上为国效力，但毕竟缺乏智慧而不堪重用。人们行事处世贵在有自知之明，凡事当量力而行，如一味逞强终将招致凶险。

九四，履虎尾，愬愬。终吉。

【今译】

九四，走在老虎尾巴后面，恐惧谨慎，最终吉利。

【导读】

九四爻以阳爻居阴位，有阳刚之气，又不乏中和的性情，他小心地走在老虎尾巴后面，因感到恐惧害怕而愈加小心谨慎，最终结果是吉利的。人生在世有时不可避免地会陷入危险的境地，但只要内心刚强，处世谨慎而又谦和就能够化险为夷。

九五，夬履，贞厉。

【今译】

九五，刚毅果敢地行走。坚守正道以防危险。

【导读】

九五爻以阳爻居尊位，至中至正，至刚至尊，象征人生之旅已经进入了最为辉煌的时期。此时人们才德兼具，行事果断，但仍然需要坚持正道，以防范危险的情况。人们在人生的最高峰突然坠入低谷往往就是因为得意忘形、放松警惕而误入歧途。

上九，视履考祥，其旋元吉。

【今译】

上九，回顾走过的路，考察吉凶祸福，圆满而又极其吉利。

【导读】

上九位于全卦末端，爻辞是对全卦的总结。在人生旅途中人们很有必要冷静地回顾一下自己所走过的道路，总结其间遭遇的吉凶祸福，及时吸取经验教训。由于人们行事谨慎，遵守了社会礼仪规范，当自己回首往事时会发现自己的人生之旅是极为圆满而吉利的。

泰卦第十一

泰卦

泰：小往大来。吉，亨。

【今译】

泰：小的走了，大的来了。吉利，亨通。

【导读】

泰是通泰、安泰的意思，本卦讲在安泰的社会环境中人们为人处世的道理。泰卦上卦为坤，代表地，下卦为乾，代表天。地为阴，天为阳，《周易》中阴为小，阳为大，坤卦为外卦，故曰“小往”，乾卦为内卦，故曰“大来”。从整个卦象来看，“小往大来”指的就是阴气下降、阳气上升而得以相互流通，泰卦象征天地相交，阴阳相合，万物遂成发育生长之势，因而通泰顺畅。从人事来看，乾为君王，代表上级，坤为臣民，代表下级，君臣上下级之间能够相互沟通，志同道合，一派和谐安泰的形象，这当然是吉利的。

初九，拔茅茹，以其汇。征，吉。

【今译】

初九，拔起茅草，根系相连，因为物以类聚。出发，吉利。

【导读】

初九爻以阳爻居阳位，虽位于泰卦的最下方，但性情阳刚又得正，有积极向上进取的精神。初九、九二和九三均为阳爻，代表志趣相投的君子形象，当初九欲求上进时必然带动九二和九三共同前进。爻辞讲拔起茅草，茅草根相互牵连，比喻物以类聚，象征情投意合的君子紧密地团结在一起。天地交泰之时正是创业的最佳时机，但在事业初创阶段，仅凭一己之力单打独斗必然势单力薄，如能团结一批志同道合的伙伴共同创业，可以为事业的顺利发展奠定一个良好的基础。

九二，包荒，用冯河，不遐遗，朋亡，得尚于中行。

【今译】

九二，大度包容，徒步渡过河流，不遗弃远方的贤人，不结党营私，能辅助行为中正的人。

【导读】

九二爻以阳爻居中，不仅阳刚而且性情中和，恰似一位正人君子。在天地交泰之时，君子应当进一步加强个人德性的培养。“包荒”意思是君子具有极大的包容胸怀。“徒步渡过河流”比喻君子具有锐意进取、果敢决断的意志。君子能广泛地结交贤能之人，无论远近一概接纳，但绝不结党营私。同时他还要利用自己的才德去辅助同自己一样行为中正的其他人。

九三，无平不陂，无往不复。艰贞无咎。勿恤其孚，于食有福。

【今译】

九三，没有平地就不会出现陡坡，没有离去就没有回复。艰难时刻坚守正道就不会有灾祸。不怕不取信于人，享用俸禄自有福庆。

【导读】

九三爻以阳爻居下卦的最高位，阳刚盛极，但物极必反，

爻辞接连举了两个例子来证明这个道理，平坦的大地不可能一直延续下去，最终会出现陡坡，有离去的自然也就有归来的。九三爻处于天地交合的临界点，预示着泰极否来的趋势，此时人们当居安思危，坚守正道，以防范灾祸。为人处世以诚信为本，就不用担心不能取信于人。如果能做到这些，就能享用俸禄而自有福庆。

六四，翩翩，不富以其邻，不戒以孚。

【今译】

六四，群起向下飞，自己和邻里都不富裕。没有戒心以诚相待。

【导读】

六四爻以阴爻居阴位，得正，且具有谦逊的性情。“翩翩”是群起而向下飞的样子，比喻六四、六五和上六三个阴爻一起向下与下卦的三阳爻求合。《周易》以阳为富，阴为不富，“不富以其邻”指的就是六四与邻近的六五和上六都不富。这三阴爻之间没有戒心，唯有以诚相待。于人事而言，意气相投的伙伴当患难与共，共同进退，万不可独善其身而不顾他人。在苦难的时候，人们更应该消除戒心，以诚信待人，在精诚团结的基础上共渡难关。

六五，帝乙归妹，以祉，元吉。

【今译】

六五，帝乙出嫁妹妹，得到福祉，大吉大利。

【导读】

六五爻以阴爻居尊位，象征一位谦逊中和的君王形象。“帝乙归妹”讲的是商纣王之父帝乙将自己的妹妹下嫁给周文王的事。当时商为大国，而周为小邦，帝王之妹能够屈尊下嫁体现了帝王虚怀若谷的胸怀和礼贤下士的气度。于当今世事而言，居于上位的领导切不可居高临下，摆出一副盛气凌人的样子，领导如能对自己的下属恭敬有加，做到谦逊和蔼，就能得到下属的拥戴和由此带来的福祉，这当然是大吉大利的。

上六，城复于隍，勿用师。自邑告命，贞吝。

【今译】

上六，城墙坍塌到干涸的壕堑里。不要兴师动众。从自己的领地发布命令，坚守正道以防灾祸。

【导读】

上六爻位于泰卦最高位，此时泰极否来即将成为现实。城是城墙，隍是城墙外的壕堑。高高的城墙是用从壕堑中挖来的土一天天累积起来的，而如今城墙垮塌后泥土又重新填回到壕堑中。爻辞比喻安泰的局面是从困境中一点点积累起来的，而到了泰极否来的时刻世事终将再次逐步陷入困境。物极必反、盛极必衰是自然规律，同时也是社会法则，这不是人的意志所能改变的。“城复于隍”表示现在形势相当严峻，如果兴师动众势必劳民伤财，进一步扰乱人心，而加速灭亡。现在只能将政令限制在自己的领地内，做到内部政令畅通，为即将到来的困境做好充分的准备。此时此刻人们应以更加坚定的信念守持正道以防范更多的灾祸。

否卦第十二

否卦

䷋

否之匪人，不利。君子贞，大往小来。

【今译】

闭塞不通不符合人道，这是不利的。君子坚守正道。大的去了，小的来了。

【导读】

否是封闭不通的意思，本卦讲在封闭不通的社会环境中人们为人处世的道理。否卦上卦为乾，代表天，下卦为坤，代表地。天为阳，地为阴，《周易》中阳为大，阴为小，乾卦为外卦，故曰“大往”，坤卦为内卦，故曰“小来”。从整个卦象来看，“大往小来”指的就是阴气上升，阳气下降，阴阳互不交合，象征天地不交，一派闭塞不通的景象。于人事而言，此时人际交往受到阻碍，不符合人道，这是一种极为不利的局面。此时小人道长而君子道消，君子面临极其恶劣的社会环境，但绝不能与小人同流合污，他应该坚守正道静待通泰局面的到来。

初六，拔茅茹，以其汇。贞吉，亨。

【今译】

初六，拔起茅草，根系相连，因为物以类聚。坚守正道是吉利的，亨通。

【导读】

初六爻位于否卦最下方，象征闭塞不通的局面刚刚形成。

否卦前三爻均为阴爻，就像拔起的茅草根紧紧牵系在一起，形成一个闭塞不通的环境，比喻阴险小人紧密地勾结在一起，使整个社会形势处于封闭隔绝的状态。这种险恶的环境对君子是极为不利的，任何轻举妄动都会使自己陷入更加危险的境地，他唯有坚守正道耐心等待社会形势的转变，才能获得吉利和亨通。

六二，包承，小人吉，大人否。亨。

【今译】

六二，包容顺承，小人吉利，大德大才之人行不通。亨通。

【导读】

六二爻以阴爻居中，有包容顺承之象，但小人往往表里不一，阳奉阴违，君子应该保持清醒的头脑，不要被小人的表面现象所迷惑。闭塞不通的社会环境对小人是吉利的，但对于有才德的大人却是不利的。此时具有大德大才的人一方面要警惕小人的威逼利诱，一方面更要加强自身的道德修养，静待亨通时刻的到来。

六三，包羞。

【今译】

六三，包容羞耻的行为。

【导读】

六三爻以阴爻居阳位，不正，又位于下卦最高位，象征小人得势。小人的各种无耻行为不但没有遭到世人的唾弃，反而被世人所包容，可见世道已经到了何等不堪的地步。在如此闭塞不通的社会环境中君子虽不能阻止小人的无耻行为，但一定要洁身自好，保持自己高尚的德行。六三爻也是天地交合的临

界点，预示着否极泰来的发展趋势，小人得势断难长久，君子能够伸张正义的通泰环境已为时不远了。

九四，有命无咎，畴离祉。

【今译】

九四，遵循天道没有灾祸，众类依附在一起获得福祉。

【导读】

九四爻已经进入上卦，表示闭塞不通的社会环境已经具备了转向通泰的可能。九四以阳爻居阴位，具有打破闭塞的阳刚之气，但他并不急于采取行动，他在等待一个最佳的时机。“遵循天道”就是要懂得社会发展的规律，此时小人的势力依然非常强大，君子的任何轻率行为都可能引来杀身之祸。君子现在能做的就是广泛联系与自己同类的人，把大家紧密地团结在一起，壮大自己的力量，待时机成熟后冲破闭塞的环境一起享受福祉。

九五，休否，大人吉。其亡，其亡，系于苞桑。

【今译】

九五，休止闭塞不通的局面，大德大才之人获得吉利。将要灭亡了啊！将要灭亡了啊！好像牵系在丛生的桑树上一样安全。

【导读】

九五爻居全卦的尊位，至中至正，至刚至尊，象征一位具有大才大德且社会地位显赫的正人君子。他不仅有勇气而且有能力打破目前闭塞不通的局面，让整个社会恢复通泰，这是非常有利的。在社会形势即将发生扭转，通泰的社会局面即将到来的时刻，“大人”们不敢有丝毫懈怠，他们时常提醒自己："将要灭亡了啊！将要灭亡了啊！"他们始终保持着戒惧心理，也就是人们常说的忧患意识。许多人功败垂成，往往就是因为没有这种忧患意识。保持忧患意识才能真正实现长治久安，使通泰的局面像紧紧地牵系在丛生的桑树上一样稳固。

上九，倾否，先否后喜。

【今译】

上九，倾覆闭塞不通的局面，先闭塞，然后欢喜。

【导读】

上九爻位于否卦的顶端，象征闭塞不通的形势发展到了极点，已经到了该倾覆的时候了。"否极泰来"虽然是自然和社会发展的必然规律，但在由"否"向"泰"转化的整个过程中人的主观能动性是不可忽视的。在封闭不通的社会环境中人们一方面要遵循社会发展的规律，不能急于求成，同时要坚守正道并积极争取不断壮大自己的实力，待时机成熟果断倾覆封闭不通的局面，给整个社会带来通泰的喜悦。

同人卦第十三

同人卦

同人于野，亨。利涉大川，利君子贞。

【今译】

聚众于野外，亨通。利于渡过大江大河，利于君子坚守正道。

【导读】

“同人”本义是聚集的意思，而同人卦是对古代战争的描述。从卦象来看，同人卦上卦为乾，代表天，下卦为离，代表火，整个卦象寓意天下燃起了熊熊的战火。“野”是离城中心最远的地方，“同人于野”就是要将遥远之地的人聚集起来，比喻聚集面要广，也就是战前要做充分的战争动员，求得广泛的支持战争的形势才能亨通。但战争毕竟会造成生灵涂炭，是迫不得已的行为，战争的目的是要维护正义，因此战争行为必须坚守正道，这才是有利的。

初九，同人于门，无咎。

【今译】

初九，聚众于门外，没有灾祸。

【导读】

初九爻以阳爻居阳位，阳刚而得正，位于全卦的最下方，表示战争行为的最初阶段。在战争之初要进行充分的动员工作，把众人都聚集起来。“门”是象征内外的界限，聚集众人首先要消除门户内外的界限，动员所有可以动员的人，建立最广泛的群众基础才能保证取得战争的胜利，免于灾祸。

六二，同人于宗，吝。

【今译】

六二，聚众于宗族内，招致羞辱。

【导读】

六二爻以阴爻居阴位，得正，但过于柔弱，他缺乏聚集群众参与战争的勇气，而只能将聚集的对象限定在宗族内部。当然，将宗族宗亲聚集起来，获得宗族内部成员的支持和理解是非常有必要的，但是对于大规模的对外战争仅凭宗族内部的力量是远远不够的，没有广大人民群众的支持战争不可能取得胜利，因此仅“同人于宗”无疑将招致羞辱。

九三，伏戎于莽，升其高陵，三岁不兴。

【今译】

九三，军队埋伏在草丛中，登上高冈，三年不敢发动进攻。

【导读】

九三爻以阳爻居阳位，阳刚而得正。经过初九和六二阶段的战争准备，九三已经进入了战争的实质阶段。将军队埋伏在草丛中，登上高处察看敌情。战争有战争的规律，抑或敌方力量过于强大，抑或时机尚未成熟，经过长时间的埋伏和侦察却不急于发动进攻，可以看出古人对战争的审慎态度。

九四，乘其墉，弗克攻，吉。

【今译】

九四，登上城墙，没有攻克，吉祥。

【导读】

九四爻以阳爻居阴位，虽具有阳刚之气却不中不正，具有冒进之象，他在还没有完全准备好的情况下发动了进攻，结果己方军队虽攻占了敌方的城墙却没能攻克整个城池。爻辞判之以吉，一方面是因为毕竟已经攻占了敌方的城墙，取得了阶段性的胜利；另一方面也在于敌方实力仍然很强大，为了减少己方损失，避免更大的伤亡而暂时放弃攻占整个城池，从而保存实力以图来日再战，这是一种非常明智的军事斗争策略。

九五，同人先号咷而后笑，大师克相遇。

【今译】

九五，大家聚集起来，先号啕大哭，然后放声大笑，大军战胜后相遇。

【导读】

九五爻居尊位，至中至正，至刚至尊，象征一位勇敢顽强而又足智多谋的首领，在他的领导下战争终于取得了胜利。“先号咷”比喻战争之惨烈，双方死伤无数，以至于号啕大哭。“后笑”比喻己方多路大军胜利会师，战胜顽敌后的喜悦心情。

上九，同人于郊，无悔。

【今译】

上九，聚众于郊外，没有悔恨。

【导读】

上九爻位于全卦之末，象征战争的结束。战争结束后军队凯旋，聚集在城郊，对整个战争做总结，奖励有功之臣。战争本身是很残酷的，无论是己方还是对手都付出了惨重的代价，因此即使取得了战争的胜利也不能称之为“吉利”，但通过战争手段维护了正义，达到了战争的目的，所以判之以“无悔”，即没有悔恨。

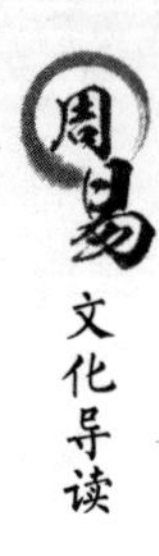

大有卦第十四

大有卦

䷍

大有：元亨。

【今译】

大有：极其亨通。

【导读】

大有即大的拥有，可引申为财富的积累，本卦讲人们如何正确对待财富的积累。大有卦只有六五一个阴爻，居尊位，五个阳爻都归它所有，因此称为大有。大有上卦为离，代表太阳，下卦为乾，代表天，整个卦象象征阳光普照，万物生长，极其亨通。

初九，无交害，匪咎。艰则无咎。

【今译】

初九，没有骄奢的祸害，不是灾祸。在艰难时刻没有灾祸。

【导读】

初九爻以阳爻居全卦最下方，得正。《周易》以阳为富，初九表示在财富积累的最初阶段。财富可以使人过上富足的生活，同时也容易给人带来骄奢淫逸的害处。“交”即骄，初九品行端正而且尚处于“大有”的起步阶段，还不至于产生骄奢的恶习，这当然不会有灾祸。在财富积累的过程中人们时刻不忘艰难的时刻，长具戒惧之心就不会有灾祸。

九二，大车以载，有攸往，无咎。

【今译】

九二，用大车运载，有所前往，没有灾祸。

【导读】

九二爻以阳爻居中，阳刚而不失中和的美德。“大车以载”表示财富有了较多的积累。财富虽然增长了，但不能持“财”傲物，如果人们保持着一份谦逊柔和，无论前往何处都不会有灾祸。

九三，公用亨于天子，小人弗克。

【今译】

九三，王公向天子朝献贡品，小人做不到。

【导读】

九三爻位于下卦的最高位，阳刚得正，象征一位富有而又正直的公侯。他积累了较多的财富，并将其中的一部分朝献给天子。公侯向周天子纳贡是周代固有的礼仪规范，但罔顾礼仪而拒绝纳贡的事也屡见不鲜，所以“用亨于天子”对心术不正的小人而言是很难做到的。于现代社会来讲，当人们积累了财富就应当及时回馈社会，如人们坐拥巨大的财富而独享其成，必然遭人唾弃。

九四，匪其彭，无咎。

【今译】

九四，富有而不过盛，没有灾祸。

【导读】

九四爻已经进入了上卦，表示财富有了更多的积累。“彭”是过盛的意思。财富的积累应当有限度，如贪得无厌，毫无节

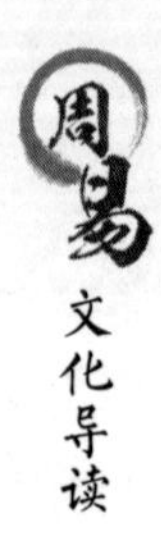

制地收敛财富，势必会酿成灾祸。爻辞告诫人们不能过分追求财富，当适可而止，如此便不会有灾祸。

六五，厥孚交如，威如，吉。

【今译】

六五，用诚信来交往，威严，吉利。

【导读】

六五爻是全卦唯一的阴爻，居尊位，象征一位性格谦逊的君王。他自身并不富有，但其他五阳爻都来归附于它，象征天下所有的财富都归其所有。他以诚信待天下，而天下所有的人也以诚信待他，构成了和谐亲密的上下交往。他以诚信获得了天下人的敬畏，仪表威严，这当然是吉利的。

上九，自天祐之，吉，无不利。

【今译】

上九，得到上天保佑，吉祥无所不利。

【导读】

上九爻以阳爻居于全卦的最高位，象征财富积累的最高阶段。根据物极必反的道理，最高位通常具有衰危之象，但大有卦上九爻却判之以“吉，无不利”，原因就在于“得到了上天的保佑”。“天”其实就是自然和社会发展的基本规律，“自天祐之”其实就是按规律办事，不违背自然和社会法则。大有卦在九四爻就提出“匪其彭”，告诫人们积累财富不能过盛，其实也就是在警示人们物极必反的道理，人们如能悟出其中的真谛自然就能避开因财富过盛而酿成的灾祸。

谦卦第十五

谦卦

谦：亨，君子有终。

【今译】

谦：亨通，君子有一个好的结果。

【导读】

谦的意思是谦逊，虚心，不自满，本卦讲谦虚的美德。从卦象来看，谦卦上卦为坤，代表地，下卦为艮，代表山，山本来高高在上，理应在地之上，而谦卦中山却在地之下，象征一位才德很高而又不愿显山露水的君子，体现了一种谦虚的形象。谦虚的君子虽不刻意去张扬自己，但自己的才德终究会被人发现而受人敬重，因而能在事业上得到众人的支持和帮助。君子秉持谦虚的人生态度，做任何事情都将无不亨通，并获得美好的结果。

初六，谦谦，君子用涉大川，吉。

【今译】

初六，非常谦虚，君子以此去渡过大江大河，吉利。

【导读】

初六位于全卦的最下方，本身具有柔顺的品格，而且甘居最下位，象征一位谦而又谦的君子。谦虚并不表示消极无为，“用涉大川”就是要求君子积极主动地去开创事业并克服重重困难。如果君子利用谦卑的态度去培养自己的德行，并约束自

己的行为，在事业中就能够克服各种艰难险阻，结果自然是吉利的。

六二，鸣谦，贞吉。

【今译】

六二，谦虚的美名得到传播，坚守正道吉利。

【导读】

六二爻以阴爻居阴位，又位于下卦中位，得正而柔顺，中和而谦卑。谦虚是一种内在的美德，又通过外在的行为举止表现出来让人真切地感受到。君子谦虚的美名能广泛传播，他不仅受人敬仰，更能引起全社会的共鸣，让谦虚的美德蔚然成风。谦虚不是一时的行为，而是一生的表现，谦虚能给人带来美名和成就，但功成名就之后仍然需要坚守谦虚的正道，如此才能获得最终的吉利。

九三，劳谦，君子有终，吉。

【今译】

九三，劳苦功高而又谦虚，君子始终坚持谦虚的美德，吉利。

【导读】

九三爻是谦卦中唯一的阳爻，阳爻居阳位而得正，又位于下卦的最高位，象征一位劳苦功高的正人君子。初六爻讲到谦虚并不表示消极无为，相反君子应当克服艰难险阻去开创事业，通过刻苦勤勉去建功立业。尽管劳苦功高，他却不居功自傲而始终保持着谦虚的美德，这样的君子终究能获得一个美好的结局，因而爻辞判之以吉利。

六四，无不利，㧑谦。

【今译】

六四，无所不利，明智而又谦虚。

【导读】

六四爻以阴爻居阴位，得正。“㧑”，明智的意思。“明智”使人遵循自然和社会发展规律，做到顺势而为。“谦虚”让人不骄傲自满，而且受人拥戴。因此，一个明智而又谦虚的人处理任何事情自当无所不利。

六五，不富以其邻，利用侵伐，无不利。

【今译】

六五，和邻居都不富裕，可以和邻居一起出兵讨伐，无所不利。

【导读】

六五爻以阴爻居尊位，尊贵而又谦和。《周易》以“阴”为不富，六五和邻近的两爻都是阴爻，故言“不富以其邻”，自己和邻居都不富裕。利用财富去团结邻居终不会长久，因为无论你多么富有，财富终有散尽的一天，但如果以谦和的美德去赢得邻居的拥戴则可以永恒持久。当自己面临侵略或对外征战时邻里会竭力相助，一起出兵讨伐，因而无所不利。

上六，鸣谦，利用行师，征邑国。

【今译】

上六，谦虚的美名得到传播，利于出兵征伐封地和其他邦国。

【导读】

上六爻居全卦之最高位。在《周易》中第六爻往往表示事

物发展到了顶点，势必向相反方向发展。然而谦虚的美德是没有极限的，越是谦虚就越能获得赞誉，谦虚的美名就传播得越广。但同时谦虚也并不是毫无原则，人们对于一些骄蛮忤逆者则不必谦虚，应采用武力讨伐，使其顺从。“邑”指诸侯国内的封地，“国”指邦国，这里指别的诸侯国。由于自己谦虚的美名远近闻名，当平定内部封地叛乱以及抵御外邦侵略时就能得到天下人的支持和理解，这是十分有利的。

豫卦第十六

豫卦

豫：利建侯行师。

【今译】

豫：利于分封诸侯和出师征战。

【导读】

豫是愉悦、享乐的意思，本卦讲如何正确对待安逸享乐的问题。从卦象上看，豫卦上卦为震，代表雷，下卦为坤，代表地，犹如春雷响彻大地，万物复苏，一派生机盎然的景象。于人类社会而言，人民安居乐业，过着愉悦而享乐的生活。然而这种欢愉的社会生活是以安定的社会政治秩序为前提的，周初实行诸侯制度，建立诸侯国稳定了社会秩序，为老百姓过上欢愉的生活提供了基础。当社会秩序遭到破坏，在别的手段都无济于事的时候有必要出师征战，虽然战争不是最终目的，但却是实现国家社会稳定的重要手段，只有在安定的社会环境中人们才能过上欢愉的生活。

初六，鸣豫，凶。

【今译】

初六，自鸣得意，享乐，凶险。

【导读】

初六爻以阴爻居阳位，又位于全卦最下方，不中不正，俨然一副小人形象。他本身地位低下，且性格懦弱毫无本事，却

自鸣得意，完全沉溺于安逸享乐之中，这当然会招致凶险。

六二，介于石，不终日，贞吉。

【今译】

六二，坚毅如石，不可终日享乐，坚持正道，吉利。

【导读】

六二爻以阴爻居阴位，又居中，恰似一位中正而又谦卑的君子。追求安逸享乐的生活是人之本性，但如果完全陶醉在安逸享乐之中却是很危险的。君子欲成就一番事业就要有坚如磐石的意志，自觉抵制安逸享乐的诱惑。在人们为事业奋斗的进程中适当地享乐可以调节人的情智，让人以更加饱满的精神去继续拼搏，然而如果终日沉溺于享乐而固步不前，则无异于自取灭亡。君子为防范自己陷入享乐的泥潭而不能自拔，就必须坚守正道以获得吉利。

六三，盱豫悔，迟有悔。

【今译】

六三，往上看着寻求享乐，招致悔恨，悔悟得晚，再招致悔恨。

【导读】

六三爻以阴爻居阳位，又居于下卦的最高位，象征一个不中不正的小人。“盱”是睁大眼睛向上看的意思，“盱豫”就是献媚于上以图享乐，这完全是一种有失尊严、罔顾自身人格的小人行为。以媚上换得享乐终究是不会长久的，迟早会招致悔恨。一旦小人失去了被上层权贵利用的价值就会被他们无情地抛弃，甚至招来杀身之祸。因此，小人早悔比迟悔有利，及时改弦更张可以避免更大的悔恨。

九四，由豫，大有得。勿疑，朋盍簪。

【今译】

九四，由此得到快乐，大有收获。不用怀疑，朋友们聚集在一起，就像头发聚在簪子上一样。

【导读】

九四爻是全卦唯一的阳爻，居阴位，阳刚而又谦和，诸阴爻都来依附，并从它这里得到欢乐。自己能给人带来欢乐，因此而受到众人拥戴，这当然是大有所获之事。人们在安享欢愉之时诚信尤为重要，许多人在艰难困苦中能够诚实守信共渡难关，而在安逸享乐中却相互猜忌，彼此防备，如此一来欢愉的生活岂能长久？爻辞告诫人们在欢愉中始终以诚信待人，切勿心生猜疑，诚信能将朋友们紧紧地团结在自己周围，就像发簪将头发紧紧地聚集在一起一样。

六五，贞疾，恒，不死。

【今译】

六五，坚守正道以防祸害，持之以恒，不灭亡。

【导读】

六五爻以阴爻居尊位，象征一位高贵、中和而又谦卑的君王。作为一个明君，他深知生于忧患、死于安乐的道理，因此他始终能坚守正道以防范灾祸，坚守正道不是一时的行为，必须持之以恒才能免于死于安乐的结局。

上六，冥豫，成有渝，无咎。

【今译】

上六，沉溺于享乐，这种恶习形成以后如果能改变，就没有灾祸。

【导读】

上六爻位于全卦的最高位，象征安逸享乐的行为达到了极致。物极必反，完全沉溺于享乐而不思进取，必然坐吃山空，安逸享乐的日子最终难以为继。如果养成了安于享乐的恶习，但能迷途知返，及时改正，也能免于更多的灾祸。

随卦第十七

随卦

䷐

随：元亨，利贞，无咎。

【今译】

随：极为亨通，利于坚守正道。没有灾祸。

【导读】

随是随从、随和以及追随的意思，本卦讲如何随从和追随他人。从卦象来看，随卦上卦为兑为阴，下卦为震为阳，阴气下沉而阳气上升，相互交流至为顺畅。于社会人事而言，就是己能随物，物能随己，相互随和，彼此顺从，极为亨通。然而，彼此相随而亨通是有条件的，这就是人们必须坚守正道，而不是朋比为奸或助纣为虐。只有坚守正道，在彼此相随时才能免于灾祸。

初九，官有渝。贞吉，出门交有功。

【今译】

初九，改变观念。坚守正道吉利，出门与人交往获得成功。

【导读】

初九爻是下卦中唯一的阳爻，是下卦之主。在一阳二阴的卦中，以阳为主体。在一阴二阳的卦中，以阴为主体。初九以阳爻作为一卦之主，本应等待阴爻来追随它，这才符合常理。然而初九位于全卦的最下方，比喻初出茅庐的君子才德都还有

待进一步提高，不足以吸引别人主动前来追随。他清楚地意识到自己的不足，因而改变观念，主动走出家门与人交往，他能够审时度势，做到因时而变，因而获得成功。但这种随机应变的追随行为必须以坚守正道为前提，如此才能获得成功和吉利。

六二，系小子，失丈夫。

【今译】

六二，依附小子，失去丈夫。

【导读】

六二爻以阴爻居阴位，又位于下卦的中间位置，虽中正而过于柔弱，因而必须去追随他人，但不幸的是他选择了错误的追随对象。追随并不是毫无目的地盲从，人们必须坚守正道，选择正确的追随方向。“丈夫”本义指成年男子，借指思想成熟、目光远大的人物。“小子”本义指未成年的男孩，借指思想幼稚、目光短浅之辈。“系小子，失丈夫”显然有失正道，是不可取的。

六三，系丈夫，失小子，随有求得，利居贞。

【今译】

六三，依附丈夫，失去小子。如追随于人则所求必得，利于安居，坚守正道。

【导读】

六三爻以阴爻居阳位，又位于下卦的最高位，不中不正，但在选择追随对象的时候却作出了正确的判断。在“丈夫”和“小子”之间他选择追随前者，而远离后者，这是一种成熟而有远见的抉择，必然会让他有所收获。但六三爻本身心术不正，有小人之象，爻辞告诫他一定要安居守正，以防灾祸。

九四，随有获，贞凶。有孚在道，以明，何咎？

【今译】

九四，追随于人有所收获，坚守正道以防范凶险。心怀诚信合符正道，光明磊落，怎会有灾祸？

【导读】

九四爻以阳爻居阴位，阳刚而又不失柔和，下位的两个阴爻都来追随它，而自己又接近上位的九五。九四代表一位才高德厚而又谦卑的君子，众人都来依附于他，自己又能主动去接近别人，所以能有所收获。虽有所获，但君子应时刻不忘坚守正道，以防范凶险。在追随的时候，无论是己随人，还是人随己，都应该以诚信为本，坦诚相待，这才符合正道，行为光明磊落，如果能做到这些，又怎能有灾祸呢？

九五，孚于嘉，吉。

【今译】

九五，诚信使追随者获得美善，吉利。

【导读】

九五爻以阳爻居尊位，象征一位至中至正、至刚至尊的君王。他以诚信感召天下人，天下人也以诚信来追随他，使追随之道达到了至善至美的境界，这当然是吉利的。

上六，拘系之，乃从，维之。王用亨于西山。

【今译】

上六，将他拘禁起来他才随从别人，再用大绳子把他捆起

来。君王在西山举行祭祀。

【导读】

上六爻以阴爻居全卦最高位，代表追随于人的行为已经到了该终结的时候，由于物极必反的道理，这时追随有可能会转变为离散。追随之道当以诚信为本，是建立在自愿基础上的，因此对于个人而言如果不愿意追随，切不可勉强而为之，但于国家大事则另当别论。古时当国家将要举行重大行动，如出师征战甚至改朝换代等都要举行大规模的祭祀活动，从“王用亨于西山”来看此事绝非个人之间的小事，而是关乎国家前途和命运的大事。如果诚信不能够感召对方，可以采用其他必要措施迫使其随从。“拘系之，乃从，维之”就是比喻在涉及大是大非的问题上可采用适当的强迫手段使对方服从追随。

蛊卦第十八

蛊卦

蛊：元亨，利涉大川。先甲三日，后甲三日。

【今译】

蛊：极为亨通，利于渡过大江大河。甲日的前三天，甲日的后三天。

【导读】

蛊的本义是腹中的寄生虫，在本卦中引申为弊病，本卦讲如何治理父母遗留下来的各种弊病。从卦象来看，蛊卦上卦为艮，代表山，下卦为巽，代表风。春风吹拂，万物复苏，而如今风被大山阻挡，万物得不到风的滋润，日久必生蛊害。艮和巽都是阳爻在上，阴爻在下，阳气上升，阴气下沉，阴阳不相交，久而生蛊，万物患蛊害如不及时清除必然灭亡。于社会人事而言，当社会和人出现了弊病就应该及时纠正。清除蛊害，万物生长就无不通畅，纠正社会人事弊病，人类社会发展就无不亨通。自然界的蛊害也许能自动清除，但人类社会的蛊害如不经过人的主观努力断难得到治理。“利涉大川”就是比喻人们要克服艰难险阻，治理社会蛊害，从而实现亨通的社会局面。人类社会的蛊害绝非一朝一夕所致，而是日积月累而成，因此治蛊断不能一蹴而就，须经过长时间准备，循序渐进地进行。“甲”是十干之首，可引申为事物的发端。“先甲三日”

指治蛊开始前的准备时间，此时人们应该去深思熟虑和周密部署。“后甲三日”指治蛊开始之后，人们应该去分析评估治蛊效果，并制定下一步行动方案。

初六，干父之蛊，有子，考无咎。厉，终吉。

【今译】

初六，矫正父亲的弊病。有个好儿子，父亲就不会受到指责。危险，最终吉利。

【导读】

初六爻以阴爻居阳位，又位于全卦的最下方，不中不正，象征社会弊病刚刚表现出来。然而社会弊病的形成需要长时间的积累，在子辈表现出来的社会弊病早在父辈时期就已经开始养成了。“干”就是矫正、革除陋习的意思。如果有个好儿子能够矫正父辈遗留下来的社会弊病，已故的父亲就不再遭人指责了。虽然治弊之初会受到巨大的阻力，危险无处不在，但此时社会弊病还未根深蒂固，矫正起来相对比较容易，所以最终结果是吉利的。

九二，干母之蛊，不可，贞。

【今译】

九二，矫正母亲的弊病，不可操之过急，坚守正道。

【导读】

九二爻以阳爻居中，阳刚而不失中道，将之应用到矫正社会弊病，就是要扼守中道，且不可操之过急。相对于父亲的弊病而言，矫正母亲的弊病更加棘手，需要更多的时间和精力。这必须联系周代的婚姻制度来看，周代已经确立了“同姓不婚”的制度，因此母亲多来自外姓或外族。父亲方的弊病来自本族群内部，处理起来相对容易，而母亲方的弊病不仅涉及母亲本人，更涉及族群之间的关系，如果采用急风暴雨式的方式矫正母亲遗留下来的弊病，不但达不到目的，反而会破坏亲情，甚至酿成族群之间的矛盾和冲突，因而只能在坚守正道的前提下采用循循善诱、因势利导的方式来解决。

九三，干父之蛊，小有悔，无大咎。

【今译】

九三，矫正父亲的弊病，有些小悔恨，没有大的灾祸。

【导读】

九三爻以阳爻居下卦的最高位，得正而不居中，有急躁冒进之象。父辈的弊病现在已经根深蒂固且深入人心，如果采用过于激进的方式迅速矫正有可能激化矛盾而后悔不已，但也不至于酿成大的灾难，毕竟矫正社会顽疾对社会发展是有利的。

六四，裕父之蛊，往见吝。

【今译】

六四，宽容父亲的弊病，这样下去会招致羞辱。

【导读】

六四爻以阴爻居阴位，得正，但显得过于柔弱，象征一个懦弱的后辈没有勇气去矫正父辈遗留下来的弊病。“裕”是宽容和原谅的意思。从父辈时期就养成的社会弊病如果得不到及时矫正，一味姑息任其发展，必将铸成大错而无法挽回，最终会给父辈蒙羞。

六五，干父之蛊，用誉。

【今译】

六五，矫正父亲的弊病，受到赞誉。

【导读】

六五爻以阴爻居尊位，象征一位高贵而不失谦卑的君王。他能够利用自己的威望，虚心接受臣民的建议，矫正父辈遗留下来的社会弊病，这不仅使自己受到人民的赞誉，而且也能给父辈带来荣誉。

上九，不事王侯，高尚其事。

【今译】

上九，不从事于王侯，觉得自己行为高尚。

【导读】

上九以阳爻居全卦的最高位，表示社会弊病已经到了积重难返的地步。古代先贤认为社会开明则应该建功立业，兼济天下，如社会腐败至极，则归隐保全，我行我道以保持自己高尚的节操，不与腐朽的王侯同流合污。但“不事王侯”不能完全理解为消极遁世，而应理解为君子的应变策略。当社会弊病已经发展到无可救药的地步，在腐朽淫邪势力压倒一切的时候，君子奋起抗争无异于以卵击石，此时他只能暂时韬光养晦，以图来日复出。物极必反是社会运行法则，社会弊病发展到极致必将引发改朝换代，君子复出革故鼎新之日已近在咫尺。

临卦第十九

临卦

临：元亨，利贞。至于八月有凶。

【今译】

临：极为亨通，利于坚守正道。到了八月会有凶险。

【导读】

临的本义是由上往下看，引申为接近、临近的意思，本卦讲君王对民众的治理问题。从卦象来看，临卦上卦为坤，代表地，下卦为兑，代表泽，地在泽上，象征君王居高临下，地又延伸到泽中，象征君王莅临民众，上下和睦，这是极为亨通的。治理民众务必坚守正道，不可劳民伤财或横征暴敛。进入八月，阳气将盛极而衰，阴气日渐积累，卦辞以此警示统治者时刻保持戒惧心理，不可耽于太平盛世而放松勤勉的意志。

初九，咸临，贞吉。

【今译】

初九，以感化的方式来治理，坚守正道是吉利的。

【导读】

初九爻以阳爻居阳位，阳刚而得正。“咸”是“感”的通假字，即感化的意思。初九位于全卦的最下方，象征君王亲自深入民众的最底层去体察民情，用自己高尚的德行去感化教育民众，使民众心悦诚服。用感化的方式去治理民众绝不是走形式，

做样子，而是要坚守正道，以内心的真诚和实际行动教化民众，如此才能获得吉利。

九二，咸临，吉，无不利。

【今译】

九二，以感化的方式来治理，吉利，无所不利。

【导读】

九二爻以阳爻居中，阳刚却不失中和而谦卑的性情。九二与初九的爻辞基本相同，唯少了“贞”，而多了“无不利”。用感化的方式去治理民众必须坚守正道，这是毋庸置疑的。九二如有所为将无所不利，原因就在于九二居中，具有博大的胸怀，敢于纳谏，行事中庸而不偏激。

六三，甘临，无攸利。既忧之，无咎。

【今译】

六三，以甘言美语来治理，没有好处。既然有所忧虑，也就没有灾祸。

【导读】

六三爻以阴爻居阳位，又位于下卦的最上方，象征一位懦弱而又不中不正的君王。他既没有高尚的德行，又缺乏治理民众的才能和威望，因此他只能用甘言美语去骗取民心，用一些无法兑现的承诺去取悦于民。甘言美语或许能欺骗民众一时，但久而久之民心自然散去，因此用甘言美语来治理民众是没有好处的。君王若能有所忧虑及时反思存在的问题，加以改正，也就不会有更多的灾祸。

六四，至临，无咎。

【今译】

六四，以亲近于民的方式治理，没有灾祸。

【导读】

六四爻以阴爻居阴位，得正，虽位于上卦，却最接近下卦，象征一位正直宽容，亲近于民的君王。“至”本义是“鸟儿从高处下飞至地上”，此处引申为君王亲近于民，体恤民患，与民同乐。于现代社会来讲，就是领导要走群众路线，从群众中来，到群众中去，永远不要脱离群众，这种亲民的领导无不受到群众的拥戴，因而能免于执政中的灾祸。

六五，知临，大君之宜，吉。

【今译】

六五，以智慧治理，适宜于伟大的君王，吉利。

【导读】

六五爻以阴爻居尊位，恰似一位中和而包容的君王。“知”是“智”的通假字，智慧的意思。大君即伟大的国君，一个伟大的国君善于用自己非凡的智慧去治理国家。大君之智慧不是一般的聪明才智，更不是权谋之术，而是一种顺天应时的大智慧，他以高尚的德行去感化民心，以超凡的才能去统御民众，以亲和的情怀去体恤民情，以包容的胸怀去倾听民声，以这样的大智慧来治理国家无疑是吉利的。

上六，敦临，吉，无咎。

【今译】

上六，以敦厚之德来治理，吉利，没有灾祸。

【导读】

上六爻以阴爻居阴位，得正，且位于全卦的最上方，象征

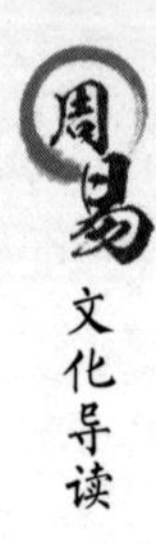

对民众的治理已经达到了圆满的顶点。上爻通常寓意物极必反，因而并不吉利，但爻辞却判之以“吉，无咎”，原因就在于君王能够以一种敦厚笃实的态度来对待他的臣民，得到了民众的真心拥戴，从而避免盛世中的危机。

观卦第二十

观：盥而不荐，有孚颙若。

【今译】

观：洗手而没有进献祭品，虔诚而又庄严。

【导读】

观卦

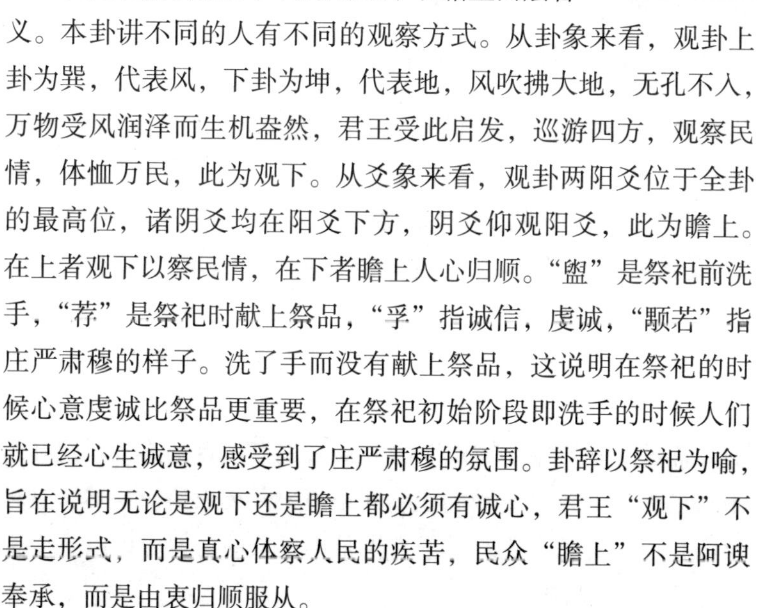

观是观察的意思，同时有观下和瞻上两层含义。本卦讲不同的人有不同的观察方式。从卦象来看，观卦上卦为巽，代表风，下卦为坤，代表地，风吹拂大地，无孔不入，万物受风润泽而生机盎然，君王受此启发，巡游四方，观察民情，体恤万民，此为观下。从爻象来看，观卦两阳爻位于全卦的最高位，诸阴爻均在阳爻下方，阴爻仰观阳爻，此为瞻上。在上者观下以察民情，在下者瞻上人心归顺。“盥”是祭祀前洗手，“荐”是祭祀时献上祭品，“孚”指诚信，虔诚，“颙若”指庄严肃穆的样子。洗了手而没有献上祭品，这说明在祭祀的时候心意虔诚比祭品更重要，在祭祀初始阶段即洗手的时候人们就已经心生诚意，感受到了庄严肃穆的氛围。卦辞以祭祀为喻，旨在说明无论是观下还是瞻上都必须有诚心，君王“观下”不是走形式，而是真心体察人民的疾苦，民众“瞻上”不是阿谀奉承，而是由衷归顺服从。

初六，童观，小人无咎，君子吝。

【今译】

初六，以儿童的方式来观察事物，小人没有过错，君子招致羞辱。

【导读】

初六爻位于全卦的最下方，距离全卦中的阳爻最远，象征目光短浅，不能高瞻远瞩，就像一个儿童观察事物一样，由于生活阅历浅薄，儿童往往只能看到当前的利益，而不能放眼未来，其分析问题只能看到表面，而不能深入问题的本质。如卑鄙无耻的小人采用这种鼠目寸光的观察方式，这对于全社会来讲也不失为一件幸事，因为他们目光越是短浅，对社会的危害就越小，但担当社会重任的君子如缺乏远见，则不但不能治理国家，而且会给自己带来羞辱。

六二，窥观。利女贞。

【今译】

六二，窥探，利于女子坚守正道。

【导读】

六二爻以阴爻居阴位，得正而且柔顺，恰似一位深居闺中的大家闺秀。古时女性是不能随意抛头露面的，她们观察世界只能透过门缝窥探，这种观察方式犹如坐井观天，无疑是狭隘而片面的。女性用“窥观”的方式来观察世界是迫于封建礼俗不得已而为之，只要她们能坚守正道也并无大碍。显然，这种狭隘片面的观察方式对君子来讲是不可取的，他应该以更广阔的视野去观察世界。

六三，观我生，进退。

【今译】

六三，反观自己，或进或退。

【导读】

六三爻以阴爻居下卦最高位，失正，而且第三爻是一个可进可退的位置。“观我生”就是反观自省，在观察自身生存环境的基础上，检讨自己的思想和言行，以决定进退。如果环境与自己的行为方向是一致的，则毅然前进。如果环境与自己的行为方向不一致，则急流勇退，等待时机成熟再图进取。

六四，观国之光，利用宾于王。

【今译】

六四，观看国家的风俗民情，宜于追随君王。

【导读】

六四爻以阴爻居阴位，得正而柔顺。第四爻距离君位最近，因而是一个多惧的位置，身处这个位置的君子应该更加小心谨慎，他通过观察整个国家的风俗民情来决定自己的下一步行动。一个国家的风俗民情可以直接反映统治者的德行，统治者有道则国家繁荣昌盛，人民安居乐业，此时君子可辅佐君王治理国家。统治者无道则国家满目疮痍，民不聊生，此时君子自当归隐保全，以图来日发展。

九五，观我生，君子无咎。

【今译】

九五，反观自己，君子没有灾祸。

【导读】

九五爻以阳爻居尊位，至中至正，至刚至尊，象征一位贤能的君王。为了更好地治理国家，他需要反观自省，时刻检讨

自己的言行是否有利于国家的长治久安。君王不仅需要观己，还需要观民，通过观察人民生活状况的好坏来了解自己治理国家的成效。本爻中的君子特指君王，能够反观自省的君王自然能够免于灾祸。

上九，观其生，君子无咎。

【今译】

上九，观察别人，君子没有灾祸。

【导读】

上九爻以阳爻居全卦最高位，象征一个阳刚而盛气凌人的君王。作为一国之君，他受万民敬仰，容易产生高高在上、唯我独尊的思想，这样的君王脱离民众，不能及时了解民情，势必招致祸患，因此爻辞给予“观其生”的告诫，也就是劝告君王时刻不忘人民疾苦，要体察民情、观察人民的生活状态，以此免除灾祸。

噬嗑卦第二十一

噬嗑卦

噬嗑：亨，利用狱。

【今译】

噬嗑：亨通，利于使用刑罚。

【导读】

"噬"是咬的意思，"嗑"是上下颚合拢，"噬嗑"就是将上下颚之间的东西咬碎之后合拢。噬嗑卦讲古代的刑罚。从卦形来看，噬嗑卦初爻和上爻均为阳爻，而中间九四爻亦为阳爻，其余诸爻皆为阴爻，恰似在嘴巴上下颚之间塞进了一个硬物，必须咬断硬物嘴巴才能合上。从卦象上看，噬嗑卦上卦为离，代表火，下卦为震，代表雷，整个卦象犹如雷电交加，以雷电之威力象征刑罚之威严。《周易》主张教化民众，并不提倡滥用刑罚，但施用刑罚对维护稳定的社会秩序是完全有必要的。犹如口中塞入硬物，必咬碎之才得通畅，一些严重破坏社会秩序的行为必须用刑罚以革除之，如此社会的发展才能亨通。

初九，屦校灭趾，无咎。

【今译】

初九，带上脚枷，遮住了脚趾，没有灾祸。

【导读】

初九爻位于全卦之始，象征在犯罪的最初阶段，此时犯罪情节较轻。"校"是木制的枷锁，给脚套上枷锁，刚刚遮住了脚

趾，比喻刑罚轻微。给小有过失的人施以轻微的惩戒，目的在于以防范其铸成大错，以免除更大的灾祸。

六二，噬肤灭鼻，无咎。

【今译】

六二，吃皮下肥肉，鼻子陷进了肉里，没有灾祸。

【导读】

六二爻以阴爻居阴位，得正，又位于下卦的中位，象征一位中正的执法者。由于他能秉承中正之道，量刑合理，当重则重，当轻则轻，因此他很容易使罪犯服从刑罚。“肤”是皮下的肥肉，肉质鲜美细嫩，轻轻一咬连鼻子都陷进了肉里，比喻中正的执法者处理案件比较轻松，犯罪分子很快服罪。

六三，噬腊肉，遇毒，小吝，无咎。

【今译】

六三，吃干肉，中了毒，小小的羞辱，没有灾祸。

【导读】

六三爻以阴爻居阳位，又位于下卦的最高位，不中不正，象征执法者有失中正之道。“腊肉”指干肉，肉质坚韧，且由于存储时间过长而往往有毒，人吃干肉不但嚼不动而且还会中毒，爻辞以此比喻执法者本身失正，量刑难以服人，甚至会给自己带来羞辱。但是受刑的人毕竟犯了罪，理应受到惩罚，即使执法者用刑不当罪犯也不能因此逃脱罪责。

九四，噬干胏，得金矢，利艰贞，吉。

【今译】

九四，吃带骨头的干肉，得到了铜制箭头，利于在艰难时刻坚守正道，吉利。

【导读】

九四爻以阳爻居阴位，阳刚而不失柔顺之德，象征一个刚柔兼具的执法者。“胏”指带骨头的干肉，是比腊肉更难咬的干肉，比喻顽固不化的犯罪分子。“金矢”是铜制箭头，古人狩猎常用弓箭，猎物晾干后制成干肉，而箭头往往还留在肉中，铜制箭头质地坚硬，比喻执法者刚正不阿的精神。对付顽固不化的罪犯，必须讲究策略。执法者如能刚正不阿，秉公执法，对受刑之人晓之以理，同时又动之以情，软硬兼施，即使应对最为顽固的罪犯也能使之服罪。给犯罪分子量刑定罪是件极为艰苦甚至危险的事情，执法者要有在艰难困苦中坚守正道的勇气，最终结果是吉利的。

六五，噬干肉，得黄金，贞厉，无咎。

【今译】

六五，吃干肉，得到黄金，坚守正道以防范危险，没有灾祸。

【导读】

六五爻以阴爻居尊位，象征一位阳刚尊贵而又不失中道的君王。古代君王是最高执法者，拥有量罪定刑的最后决断权。爻辞以“噬干肉”来比喻本爻面对的案件，“噬干肉”不如“噬肤”和“噬腊肉”那么容易，但也不如“噬干胏”那么艰难。“黄金”是贵重金属，代表了君工的尊贵，“黄”是“土”的颜色，土位于五行中央，因此黄色代表中间色，象征君王能秉承中和之道。本爻案件由君王亲自来处理，可见绝非一般的案件，而是重大案件，非下层官员能胜任之。君王之所以能顺利处理好这桩案

子，除了君王的权威以外，还在于君王坚持了中道的原则，不偏不倚。君位尊贵而又充满了危险，在位的君王当时刻不忘坚守正道以防范危厉，以免除灾祸。

上九，何校灭耳。凶。

【今译】

上九，脖子上带上枷锁，遮住了耳朵，凶险。

【导读】

上九爻以阳爻居全卦的最高位，象征一个穷凶极恶的罪犯。他被处以重刑，脖子上戴上了宽大的枷锁，连耳朵都遮住了。“灭耳”比喻惩罚之严厉，同时也揭示了罪犯最终受到重刑的根本原因。他对于别人的劝解总是充耳不闻，屡教不改，最终落得凶险的结局。

贲卦第二十二

贲卦

贲：亨，小利有攸往。

【今译】

贲：亨通，有所前往可获小利。

【导读】

贲是文饰的意思。从卦象来看，贲卦上卦为艮，代表山，下卦为离，代表日。日在山下即日出或日落之时，青山在旭日或夕阳的映衬下愈发显得美丽。贲卦讲的是文与质的关系，主张返璞归真的思想。《周易》认为质是主体，文起辅助作用，文使质的表达更为通畅，但文的作用仅仅是“小有利”而已，文不可太盛，否者质就会被文掩盖起来，使质之亨通变为闭塞。

初九，贲其趾，舍车而徒。

【今译】

初九，文饰他的脚趾，下车赤足步行。

【导读】

初九爻位于全卦的最低处，比喻最为低俗的一种文饰。“徒”是赤足步行。脚趾的主要功能在于行走，本无文饰之必要，一个人不仅文饰了自己的脚趾，而且为了显摆，让别人看见，不惜舍弃马车而光着脚走路。这种文饰行为完全是为了虚荣，显得十分粗鄙而反为人讥讽，是断不可取的。

六二，贲其须。

【今译】

六二，文饰他的胡须。

【导读】

六二爻以阴爻居阴位，得正而居中，象征一位中正的君子。古人认为“人之发肤，受之父母，不敢毁伤，孝之始也”，因此胡须不能随意剪掉，胡须越来越长，若不加以文饰，势必严重影响个人形象。胡须的长短、疏密和各种形态无不显示出男人的气质。修饰外表是为了能够更好地表达人的内在气质，因而对于这种必需的修饰是值得积极提倡的。

九三，贲如，濡如，永贞吉。

【今译】

九三，文饰得多么华丽柔润啊，永远坚守正道，吉利。

【导读】

九三爻以阳爻居下卦的最高位，有文饰过盛的趋势。“贲如，濡如”指外表装饰得华丽柔润，但文饰过度却可能掩盖了内在的气质。因此爻辞告之以“永贞吉”，也就是要永远坚守正道，在修饰外表的同时不忘记培养内在的气质美，以达到外在美和内在美的和谐统一，这样的美才是吉利的。

六四，贲如，皤如，白马翰如，匪寇，婚媾。

【今译】

六四，文饰得多么素白啊，白马纯洁无瑕，不是土匪，是来求婚的。

【导读】

六四爻以阴爻居阴位，得正而居中，象征一位中正的君子。六四爻已经进入上卦艮，艮为山，山有静止不动之象，比喻九三爻文饰过盛的趋势到此应该休止了，必须返回朴素。“皤”是素白的意思，“翰”也是白色的意思。前去求婚本应装扮得华丽一些，而本爻中的求婚者却一身素妆，甚至骑的白马也没有经过任何修饰，体现了一种朴实无华的美丽。

六五，贲于丘园，束帛戋戋。吝，终吉。

【今译】

六五，文饰山丘园圃，一束束帛丝很少。遗憾，最终吉祥。

【导读】

六五爻以阴爻居尊位，尊贵而又不失中和。第五爻是君位，丘园指代皇家园林。“帛”指丝织品。“束”是量词，五匹丝为一束。“戋戋”是很少的意思。君王用少量的丝织品来装饰园林，表面上显得有点寒酸，令人感到遗憾，但显示了君王节俭的美德，体现了一种内在美。

上九，白贲，无咎。

【今译】

上九，素白的文饰，没有灾祸。

【导读】

上九爻位于全卦的最高位，代表文饰的最高阶段。白色即无色，白贲也就是无贲，文饰至极也就变为无饰了。返璞归真，以朴质为最美，这种没有任何装饰的自然之美乃贲之最高境界。

剥卦第二十三

剥卦

剥：不利有攸往。

【今译】

剥：不利于有所前往。

【导读】

剥是剥落的意思，本卦讲小人对君子的剥落以及君子该如何应对的问题。从卦象上看，剥卦上卦为艮，代表山，下卦为坤，代表地，山在地上受到日晒雨淋，风吹雷击，久而久之逐渐被剥落到地上。从卦的结构上看，全卦只有上九一个阳爻，其余诸爻皆为阴爻，有众阴剥阳之势。于自然而言，此时天地间阳气几乎被剥夺殆尽，万物凋零。于人事而言，此时小人得势，君子道消，此时君子的任何行动都是不利的，他只能效法自然顺势而为。坤代表顺，艮代表止，象征君子顺势而止的行为。暂时抑止自己的行为，这不是消极无为，而是一种积极的应变策略，正所谓“留得青山在，不怕没柴烧”，终有君子出头之日。

初六，剥床以足，蔑，贞凶。

【今译】

初六，剥落床脚，毁坏，坚守正道以防凶险。

【导读】

初六爻以阴爻居全卦的最下方，表示剥落的开始。床本是用来安身休息的卧具，在本卦中用来比喻君子赖以安身立命的事业。床脚是支撑床体的基础，如果床脚被剥落了，整个床也就坍塌毁坏了。如果君子创业的基础遭到了破坏，君子创造的辉煌成就便会毁于一旦。邪恶势力对君子的剥落往往就是从最基础的地方开始的，这种做法极其阴险，危害性大却又不易被人察觉。爻辞以此为喻告诫君子要树立防微杜渐的意识，警惕阴险小人对事业基础的剥落，以防范凶险。

六二，剥床以辨，蔑，贞凶。

【今译】

六二，剥落床干，毁坏，坚守正道以防凶险。

【导读】

六二爻以阴爻居阴位，象征一个极其阴险邪恶的小人。较之初六爻，此时小人的势力进一步壮大。“辨”是床脚和床身的连接处，即床干。床干被剥落，比喻小人对君子的迫害进一步加深。此时君子的处境十分危险，自己的事业随时都有被毁灭的危险。他唯有及时归隐保全，坚守正道，才能防范凶险。

六二，剥之，无咎。

【今译】

六三，剥离，没有灾祸。

【导读】

六三爻以阴爻居阳位，虽然被阴爻上下困扰，却包含着阳刚的气质。当人们不小心陷入了邪恶的环境，如能及早摆脱小人的纠缠，拒绝与他们同流合污而独善其身，也就能免于灾祸。

六四，剥床以肤，凶。

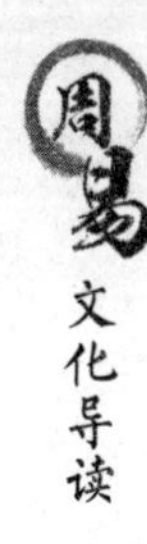

【今译】

六四，剥落床板，凶险。

【导读】

六四爻以阴爻居阴位，且已经进入了上卦，比喻邪恶势力更加强盛了。“肤”指代床的表面，也就是床板，是与人直接接触的地方。床板被剥落了，接下来就要伤及睡觉的人了，比喻小人对君子的迫害达到了相当严重的程度，凶险已经迫在眉睫了。此时君子应以坚强的意志同时又充满希望地渡过难关，危机即将过去，转机就要来临。

六五，贯鱼以宫人宠，无不利。

【今译】

六五，嫔妃有次序地接受君王的宠幸，没有什么不利。

【导读】

六五爻以阴爻居尊位，不仅包含柔顺的性情，而且具有阳刚的气质和威望。“鱼”是水中之物，属阴性。“贯鱼”就是将鱼按次序贯穿成一串。“宫人”指后宫中的嫔妃。六五爻处于阴爻的最高位，已经是穷途末路了，她不但没有与诸阴爻一起去继续剥阳，反而能将诸阴爻统摄起来去顺承阳，犹如统领后宫的王后统摄众嫔妃按次序去接受君王的宠幸。爻辞以后宫的嫔妃为喻，揭示了小人得势而张狂作威，失势而顺承邀宠的品性。对于君子而言，只要小人能够顺承正道，不再犯上作乱，适当地给他们一些甜头以示安抚也没有什么不利。

上九，硕果不食。君子得舆，小人剥庐。

【今译】

上九，丰硕的果实不吃。君子得到了车子，小人被剥掉了房屋。

【导读】

上九是剥卦中唯一的阳爻，诸阳皆被阴剥去，唯剩上九高高在上，犹如一个巨大的果实还没有被吞食。阴盛极而衰，众阴剥阳之势终于走到了尽头，阳气得以恢复，这是自然运行的必然规律。于社会人事而言，“君子得舆”比喻君子终于等来了复出的机会，他得到了人民的拥戴和支持。“小人剥庐”比喻此时邪恶势力已开始崩溃，小人的卑鄙行为惹得天怒人怨，连容身的房子也被人剥了。

复卦第二十四

复卦

复：亨。出入无疾，朋来无咎。反复其道，七日来复。利有攸往。

【今译】

复：亨通。出入没有阻碍，朋友前来，没有灾祸。在路上来来往往，七天一个往返。利于有所前往。

【导读】

复是复归和返回的意思。本卦讲阴阳消长、反复更替的自然哲学以及迷途知返、复归正道的人生哲学。从卦象上看，复卦上卦为坤，代表地，下卦为震，代表雷，有雷在地下之象。惊雷炸响，大地为之颤抖，万物因而复苏，从此阴气逐渐衰落，阳气开始回复。阴出阳入是自然运行规律，不会有任何阻碍，因而无比亨通。“朋”指代阳气，阳气升腾为大地带来生机，当然不会有灾祸。卦爻阴阳的消长是固定不变的，从一阴初生到一阳复出需要经过七爻，反反复复永不停歇，如果将一爻看作一日，实现阴阳的循环更迭总共需要七日的时间。人们如能遵循自然法则，按阴阳消长的规律来指导自己的行为是很有利的。

初九，不远复，无祇悔，元吉。

【今译】

初九，在不远处就返回，没有导致悔恨，至为吉利。

【导读】

初九爻是全卦唯一的阳爻，且位于全卦的最下方，表示阳气的回归。于人事来看，爻辞告诫人们要做到“不远复”。人生在世难免会犯一些错误，如果能及时发现，趁错误还不甚严重就及时返回正道，就不会造成太大的悔恨，这是至为吉利的。

六二，休复，吉。

【今译】

六二，美好地返回，吉利。

【导读】

六二爻以阴爻居中，得正，性情柔顺谦和。“休”是美好、愉悦的意思，“休复”就是美好地返回，在误入歧途之后，能虚心听取别人的意见，意识到自己的错误，然后心甘情愿地改正错误，这是很吉利的。

六三，频复，厉，无咎。

【今译】

六三，频繁地返回，危险，没有灾祸。

【导读】

六三爻以阴爻居阳位，失正。“频”是频繁的意思，“频复”指的是屡屡犯错，频频改正。六三象征那些不能主动改正错误，而是迫于环境的压力才返回正道的人，他们再三犯错，又再三改正的行为是很危险的，很容易铸成大错。不过他们毕竟是最终改邪归正了，因而能免于灾祸。

六四，中行独复。

【今译】

六四，行道中途独自返回。

【导读】

六四爻以阴爻居阴位，得正，又位于五个阴爻中间，因而称为“中行”。六四前后都是阴爻，象征一群为非作歹的小人，他们在胡作妄为的过程中六四幡然醒悟，从而拒绝与他们继续同流合污而独自返回正道。当自己不能改变环境让更多人都弃恶从善的时候，自己若能做到独善其身也是非常值得肯定的。

六五，敦复，无悔。

【今译】

六五，诚恳地返回，没有悔恨。

【导读】

六五爻以阴爻居尊位，持中不偏，敦厚而又柔顺。“敦”是敦厚、诚恳的意思。“敦复”是诚恳地返回正道。教人改正错误不能依靠胁迫、利诱或哄骗的手段，这些手段也许能暂时起到一定的作用，但不能持久，犯错的人终究还会一错再错。人们应该采用“攻心”的方法，让误入歧途的人心悦诚服地意识到自己的错误，心甘情愿地改正错误，使他们将来不再犯相同的错误，如此就不会有悔恨。

上六，迷复，凶，有灾眚。用行师，终有大败，以其国，君凶，至于十年不克征。

【今译】

上六，迷途不返，凶险，有灾难。行军征战，最终大败。

用来治国，国家将遭遇凶险，国运十年不兴。

【导读】

上六爻以阴爻居全卦的最高位，阴柔至极，恰似一个身居高位却又顽固不化、不知悔改的人。这种人往往手握重权，如果领军打仗则注定要大败而归。“国君”指代整个国家，这种执迷不悟的人一旦掌握了国家的最高权力，势必给整个国家带来凶险，国运长久不得昌盛。爻辞旨在告诫当权者能够虚心纳谏，犯了错就当迷途知返，否者害人害己，祸国殃民。

无妄卦第二十五

无妄卦

䷘

无妄：元亨，利贞。其匪正，有眚，不利有攸往。

【今译】

无妄：极为亨通，利于坚守正道。不正，发生灾难，不利于有所前往。

【导读】

无妄就是没有虚妄，不胡作妄为。本卦讲人们该如何应对在没有虚妄的情况下而发生的灾难。从卦象上看，本卦上卦为乾，代表天道；下卦为震，代表雷，且有动的意思。整个卦象表示天下有雷，象征人的行动必须遵循天道，不可恣意妄为。天道就是规律，人们如果都能按照事物的运行规律去办事，自然就不会遇到任何阻碍，亨通无比，但前提是人们必须坚守正道。人若行为不正，胡作非为，就会招致灾祸，做任何事情都不会有利。

初九，无妄，往吉。

【今译】

初九，没有虚妄，前往吉利。

【导读】

初九爻是无妄卦下卦之主，以阳爻居阳位，阳刚而得正，并且位于全卦的最下方，表明初九谦卑的性情。人如没有痴心妄想的困扰，行事能够遵守天道，且为人谦和，那么他的行动就会吉利。相反，如果人们头脑中总是充斥一些不切实际的妄想，行事违背天道，为人自高自大，一意孤行，那么他就很容易招致灾祸。

六二，不耕获、不菑畬，则利有攸往。

【今译】

六二，不耕种不会有收获，不垦荒就不会有良田，利于有所前往。

【导读】

六二爻以阴爻居阴位，得正，又位于下卦的中间，具有中和谦卑的性情。六二爻以实例继续阐述无妄的重要性。“耕”就是耕耘，“获”就是收获。如果没有辛勤的耕耘，就不要妄想有丰硕的收获。“菑”是新开垦只有一年的农田，是未熟之田，是不能用于耕种的，“畬”是三年之田，即熟田。没有新垦之田，当然就不要贪恋熟田。六二就像一个中正的君子，心中没有非分的奢望，行事就能无所不利。

六三，无妄之灾，或系之牛，行人之得，邑人之灾。

【今译】

六三，无故遭到灾害，有人拴了头牛，路人将牛牵走了，却让村里的人遭灾。

【导读】

六三以阴爻居阳位，又位于下卦的最高位，失正，象征那些不中不正而又高高在上的人，由于他们自身品格低劣，行为不轨，一旦有事情发生常常被人列为主要怀疑对象。“无妄之灾”就是无缘无故地遭受灾害，比如有人拴的牛被过路的人牵走了，

村里的人却蒙受不白之冤。“无妄之灾”虽不能完全避免，但如能加强个人修养，树立良好的形象，即使遭受冤情也容易取得别人的信任，也就能很快证明自己的清白。

九四，可贞，无咎。

【今译】

九四，能坚守正道，没有灾祸。

【导读】

九四以阳爻居阴位，阳刚中包含着柔顺和谦卑。坚守正道是避免灾祸的前提，行事如有失正道则是自寻灾祸。凡事顺应天道，保持一份柔顺的性情，处世谦卑中和，终可以免除灾祸。

九五，无妄之疾，勿药有喜。

【今译】

九五，无故得了病，不用吃药就好了。

【导读】

九五爻以阳爻居中位，至中至正，至刚至尊，恰似一位中正阳刚的君王。“疾”就是疾病，治病首要的是找到病因，对症下药。“无妄之疾”就是无缘无故地生病，对于这类疾病不能急于用药，通过人体的自我调节和保养，就能逐渐痊愈。爻辞以治病为喻告诫人们该如何去应对无妄之灾，当人们行为端正却无故遭受灾难时，应当处乱不惊，冷静应对，以不变应万变，以自己高尚的品性去证明自己的清白。

上九，无妄，行有眚，无攸利。

【今译】

上九，不要妄动，行动将有灾难，没有任何好处。

【导读】

上九爻以阳爻位于全卦的最高位，过于阳刚，象征冒进急躁之人。上九是极亢之地，物极必反，身居此处宜静不宜动，任何盲动都会带来灾难。“眚”是由于自身过错造成的灾难，爻辞旨在告诉人们一切行动都应该顺天应时，当时机不成熟，条件不允许时，妄动是没有任何好处的。

大畜卦第二十六

大畜卦

大畜：利贞。不家食，吉。利涉大川。

【今译】

大畜：利于坚守正道。不在家吃饭，吉利。利于渡过大江大河。

【导读】

大畜，即丰厚的蓄积，本卦讲才德的蓄积。从卦象来看，本卦下卦为乾，代表天，上卦为艮，代表山，无边无际的天藏于山中，这是至大无比的蓄积。对于人生而言，最大的蓄积莫过于道德和才能的蓄养，因此应首先坚守正道，不可失正。“家食”指在家吃饭，比喻乱世中的君子隐居在家，不与邪恶势力同流合污。这种在乱世之中独善其身的行为是值得称道的，但在此大蓄之时世道清明，君子若继续“家食”，则是消极避世，懦弱无能，此时君子当“不家食”，也就是要建功立业，达济天下，这无论是于己还是于民都是至为吉利的。“利涉大川”也是鼓励君子克服艰难险阻去成就大业。

初九，有厉，利已。

【今译】

初九，有危险，利于停止。

【导读】

初九爻以阳爻居阳位，得正，但有冒进之象，又处于全卦的最下方，象征蓄积的初始阶段。当人们初出用事，才和德都还不够充足，需要进一步积累，此时不能不顾实际情况而贸然前进，否则必将遭遇危险。最明智的做法就是暂停冒进的行动，继续蓄积自己的才德，静待时机再图发展。

九二，舆说輹。

【今译】

九二，车身与车轴脱离。

【导读】

九二爻以阳爻居阴位，阳刚中带有柔顺，与初九相比，九二蓄积了更多的才德，同时又少了急躁冒进的性情。如果车身与车轴脱离，车就不能前进了，比喻人们在前进过程中发现不宜再前进了，就主动停止下来，再伺机而动。凡事欲速则不达，人们在前进的路上如能适时驻足不失为明智之举，不仅能让疲惫的身心得到充分休息以恢复元气，从而为下一步行动蓄积更多精力，更能让人们去总结前进路上的经验和教训，并冷静地审时度势，从而为前进积蓄更多智慧。

九三，良马逐，利艰贞。日闲舆卫，利有攸往。

【今译】

九三，良马追逐，利于牢记艰难，坚守正道。每天练习车马的防卫本领，利于有所前往。

【导读】

九三爻以阳爻居下卦的最高位，阳刚而得止，象征君子已经具备了一定的才德，可以去开创自己的事业了。爻辞用“良马逐”比喻君子创业的势头强劲而迅速，形势一片大好。同时爻辞又告诫人们越是在顺利的时候越要心存戒惧，牢记创业

中的各种艰难险阻，坚守正道。君子之事业能够取得当前的成绩是因为他前期积蓄了足够的才德，如果君子就此懈怠，其事业注定将停止不前。随着君子事业的不断壮大，君子的个人修养和能力都需要与日俱增。“舆卫”是古人必备的技艺，借代为君子创业必备的所有素质和技能。“日闲舆卫”就是告诫君子要不断地积蓄自己的才能和德行，以利于日后进一步发展。

六四，童牛之牿，元吉。

【今译】

六四，给小牛套上横木，大吉大利。

【导读】

六四以阴爻居阴位，得正。“童牛”指牛犊，牛犊性情躁动，为防止牛角伤人，人们常给牛犊犄角戴上一根横木加以约束。爻辞以此告诫人们对可能出现的问题要加以预防，防患于未然。同时也说明道德规范的积累应该从小开始，就如同驯养小牛犊一样，让孩子从小逐渐养成良好的行为习惯和道德修养是大吉大利的。

六五，豮豕之牙，吉。

【今译】

六五，阉猪的獠牙，吉利。

【导读】

六五爻以阴爻居尊位，柔顺中带有阳刚的性情。野猪是性情凶猛的动物，常用獠牙伤人。古人最初将其獠牙拔掉，却发现野猪性情未改，难以驯服。后来古人采用阉割的办法去掉了野猪凶猛本性的根源，使野猪变得温驯。古人驯化野畜的经验为人们蓄养道德修养提供了借鉴。对于一些性情刚烈、桀骜不驯的人，如一味采取以暴制暴的方法可能很难达到教育目的，但如果能根据其独有的特征，抓住要害，从根本上解决问题，就能够使其从善如流，改邪归正，结果当然是吉利的。

上九，何天之衢。亨。

【今译】

上九，四通八达的通天道路，亨通。

【导读】

上九以阳爻居全卦的最高位，通常这是一个十分危险的位置，有过犹不及之意，但道德和能力的蓄养是没有止境的，当然也就不存在物极必反的可能，因此爻辞判之以亨通。经过长期蓄积，君子的才和德已经达到了相当的高度，此时他尽情施展自己的才德为国效力，犹如驰骋在四通八达的通天大道上，没有丝毫阻碍，无比亨通。

颐卦第二十七

颐卦

䷚

颐：贞吉。观颐，自求口实。

【今译】

颐：坚守正道，吉利。观察颐养之道，自己谋求食物。

【导读】

颐是颐养、养护的意思，本卦讲颐养之道，包括颐养自己和颐养他人。从卦的结构来看，颐卦恰似人之口。初、上两阳爻好比上下颚，而中间诸阴爻好比牙齿。从卦象来看，颐卦上卦为艮，代表山，有静止不动的意思，下卦为震，代表雷，有动的意思，上止下动犹如口中咀嚼食物，进食以养身，又由养身引申出养德的意思。颐养无论是养己还是养人都必须坚守正道才能吉利。观察颐养之道，无论是养身还是养德都应该“自求口实”，养身以自食其力为根本，做到自己动手，丰衣足食；养德首先要加强自我修养。

初九，舍尔灵龟，观我朵颐。凶。

【今译】

初九，舍弃你的灵龟，看我鼓起腮帮吃东西，凶险。

【导读】

初九爻以阳爻居阳位，得正，又位于全卦的最下方，象征居于社会最底层却可以自立的人。“龟”是一种很有灵性的动物，可以长时间不吃东西，而且长寿，比喻那些完全可以自食其力的人。“朵颐”是鼓起腮帮吃东西，“观我朵颐”比喻那些指望别人来养活自己的人，他们本可以高贵地养活自己，却放弃了自养的手段，而屈辱地谋求别人来供养自己。他们虽然才智过人，但性情懒惰且极度贪婪，妄图不劳而获，这种舍己求人的做法使自己最终什么也得不到，结果是十分凶险的。

六二，颠颐，拂经，于丘颐，征凶。

【今译】

六二，颠倒颐养之道，违背常理，在高地上求颐养，出征有凶险。

【导读】

六二爻以阴爻居阴位，得正，而且居中。六二虽然中正，却过于懦弱，不能自养，于是向下求助于初九。六二位高于初九，位高者不仅当自养，还应该养活他人，因此六二向初九求养的做法违背了“以上养下”的常理，是行不通的。“丘”指高地，“于丘颐”比喻往高处求养，也就是六二向上九求养，但上九距离六二太遥远，路途中充满了凶险。六二于上于下都不能求得所养，处境何等艰难，爻辞再次强调了自力更生的重要性，真是求人不如求己。

六三，拂颐，贞凶，十年勿用，无攸利。

【今译】

六三，违背颐养之道，坚守正道以防范凶险，十年之内不能行动，没有好处。

【导读】

六三爻以阴爻居阳位，失正。颐养的前提是坚守正道，

六三既已失正，也就违背了颐养之道，象征通过巧取豪夺、坑蒙拐骗等不正当手段来获得颐养，长此以往必然陷入凶险。“十年勿用”指永远也不能用有失正道的方法去求得颐养，这样做是没有好处的。

六四，颠颐，吉。虎视眈眈，其欲逐逐，无咎。

【今译】

六四，颠倒颐养之道，吉利。像老虎扑食那样专心执着，没有过错。

【导读】

六四爻以阴爻居阴位，得正。六四和六二都颠倒颐养之道，均向下求养，结果却不同，六二凶，六四吉，原因在于他们向下求养的目的不一样，六二的目的在于养己，而六四身居高位近在君侧，其向下求养的目的是颐养天下，即取之于民，用之于民，因而吉利。如六四将向下所求之养归为己用，则必凶无疑。既然为了养育万民，就应该专心致志地去做，孜孜以求，这样做合符正道，没有过错。

六五，拂经，居贞吉，不可涉大川。

【今译】

六五，违背常理，安心坚守正道，吉利，不可以渡过大江大河。

【导读】

六五爻以阴爻居尊位，性情柔弱，身为君王他本应去颐养天下万民，但六五柔弱的性格担当不起如此重任，只好向上求养于上九，向下求养于初九，这显然是违背常理的。但六五求养于人并非为己，而是为了黎民百姓，因此并无大碍，他若能安心坚守正道也是吉利的。六五虽身居君位，但毕竟能力有限，所以此时不能去苛求关涉大险大难的事，以专心而稳妥地解决当前的事情为宜。

上九，由颐，厉，吉，利涉大川。

【今译】

上九，由此得到颐养，危险但吉利，有利于渡过大江大河。

【导读】

上九以阳爻居全卦的最高位，是上卦之主，诸阴爻都有求于他以获得颐养，象征一个位高权重而又甘当重任的君子。上九本是一个危厉的地方，但他肩负颐养万民的责任，颇得君王信任，又受万民敬仰，所以能获得吉利的结果，并且能够解决大险大难的事。

大过卦第二十八

大过卦

大过：栋桡，利有攸往，亨。

【今译】

大过：栋梁弯曲，利于有所前往，亨通。

【导读】

大过就是过于盛大的意思，本卦讲超越常规的一些情况。从卦象来看，大过卦上卦为兑，代表泽，下卦为巽，代表木，泽在木上。泽本该润养树木，如今却将树木完全淹没在水中，因此有大过之象。从卦形来看，大过卦中间诸爻均为阳爻，显得坚实厚重，而初、上两爻均为阴爻，力量虚弱，而如果将大过卦当作一根木头，这种木头很容易向下弯曲，是不宜作为房屋栋梁的。大过卦四阳两阴，阳代表君子，阴代表小人，君子势盛利于前往做事，但必须小心谨慎。大过卦犹如房屋栋梁向下弯曲，有坍塌之危，比喻君子处境艰难，他应时刻心存戒惧，谨言慎行，如此行事才能亨通。

初六，藉用白茅，无咎。

【今译】

初六，祭品下面垫着白色的茅草，没有灾祸。

【导读】

初六爻以阴爻居全卦的最下方，柔顺至极。“白茅”即白色柔软的茅草。祭祀时不仅要献上祭品，而且要在祭品的下面垫上白茅，这样做一方面是显示对神的敬重，另一方面也是为了确保祭品不会被打坏。爻辞用祭祀时的礼仪来比喻在非常时期行事一定要慎之又慎，如此才能免除灾祸。

九二，枯杨生稊。老夫得其女妻，无不利。

【今译】

九二，干枯的杨树发出新芽，老年男子娶了个年轻的妻子，没有不利。

【导读】

九二爻以阳爻居阴位，阳刚而不失和顺，居中不失中和之道。“枯杨发新芽”和“老夫娶少妻”都是超乎寻常的事，但人们不必对此大惊小怪，没有什么不利的。“枯杨发新芽”比喻自然生命的延续，此时大自然焕发出勃勃生机。“少妻”能够生育，“老夫娶少妻”预示着新生命的诞生，对人类生命的繁衍是极为有利的。

九三，栋桡，凶。

【今译】

九三，栋梁弯曲，凶险。

【导读】

九三爻以阳爻居下卦最高位，虽得正，但阳刚过亢，有失中和之道。九三爻居臣位，上有辅佐君王之职，下有安抚黎民之责，是国家的栋梁之才，但他性情过于阳亢，行事偏激，一意孤行。在此非常时期唯有聚众人之力才能完成大任，但以九三的性情却难以得到别人的拥护和支持，他只能凭一己之力单打独斗，终于不堪重负，出现了“栋桡”的凶险。爻辞从反面强调了行事持中不偏的原则，在非常时期更要坚持中和的为

人风格和中庸的处世态度。

九四，栋隆。吉。有它，吝。

【今译】

九四，栋梁向上隆起，吉利。有其他原因，羞辱。

【导读】

九四爻以阳爻居阴位，阳刚中兼有柔顺的品质，如此刚柔相济，是堪当重任的栋梁之材。古人从建设实践中发现“栋桡”的房屋有坍塌的危险，而“栋隆”，即栋梁向上隆起呈弧形状则可以承载更多的重量，房屋将更加坚固，因此爻辞判之以吉利。于人事而言，才智过人、能力超群本无可厚非，但为人一定要谦和，行事要秉持中道，如此才能获得吉利。但在非常时期，人们极有可能遭遇别的意外，因此人们当常怀戒惧的心理，行事小心谨慎，以防范可能蒙受的羞辱。

九五，枯杨生华，老妇得其士夫。无咎，无誉。

【今译】

九五，干枯的杨树开了花，老年妇女嫁了年轻丈夫。没有灾祸，没有赞誉。

【导读】

九五以阳爻居尊位，本可以做一个贤能的君王，但他又位于诸阳爻的最高位，比喻阳亢至极，行事偏执而有失中道。“枯杨生华”固然显示了一线生机，但花儿很快就会凋谢，“老妻少夫”固然是喜事，但老妇已不能生育，对人类的长期繁衍是没有好处的。“枯杨生华”和“老妻少夫”都是超乎寻常之事，但只能给人们带来短暂的喜悦，不可长久，因此虽不会有什么灾祸，但也得不到赞誉。同样，像九五这样的君王纵然凭借自己的能力和威望可以创造一番事业，却只是昙花一现，无法持久。

上六，过涉灭顶。凶，无咎。

【今译】

上六，渡过江河，水淹没了头顶，凶险，无可指责。

【导读】

上六以阴爻居阴位，得正。“过涉灭顶”是大过卦固有的卦象，现在终于通过上六表现了出来，这种凶险是非常时期的必然结局，是无可指责的。但涉险之人如能始终坚守正道，并提前做好准备，便可将灾祸降到最低限度。“大过”不可能永远持续下去，“过涉灭顶”之后事物终将恢复正常。

坎卦第二十九

坎卦

习坎，有孚，维心亨，行有尚。

【今译】

重重陷穴，只要有诚信，心境就能亨通，行动就能受到推崇。

【导读】

坎是陷穴的意思，引申为危险，习坎就是重重陷穴，引申为危险重重。本卦讲该如何走出危险的境地。从卦象来看，本卦由两个坎卦重叠而成，坎代表陷穴，陷穴是很危险的，因此整个卦象表示陷穴重重，象征险上加险。那么如何才能冲破重重艰难险阻，走出险境呢？卦辞讲得非常清楚，那就是以诚信待人。当内心充满了诚信，抛开人与人之间的尔虞我诈，心境自然就会坦然而亨通，自己的行为也会受到别人的推崇，从而众志成城共同渡过难关。

初六，习坎，入于坎窞，凶。

【今译】

初六，重重陷穴，陷入陷穴深处，凶险。

【导读】

初六爻以阴爻居阳位，柔弱而不正。“窞”指深坑，“坎窞”指陷穴中的深坑。初六位于全卦的最下方，象征陷入了陷穴的最深处。初六行为有失正道，使自己陷入危险的深渊，其性格柔弱不能走出深渊，难以自拔，故而凶险。爻辞旨在告诫人们务必坚守正道，一旦误入歧途陷入危境就很难脱身，必然招致凶险。

九二，坎有险，求小得。

【今译】

九二，陷穴中有危险，只求小有所得。

【导读】

九二爻以阳爻居二阴之间，进入陷穴中央，深陷危境。九二具有阳刚的性情，而且居中，以其才能虽不能完全脱险，但可以小有所得。积小可以成大，只要有走出陷穴的信心就终有脱离险境的一天。

六三，来之坎坎，险且枕，入于坎窞，勿用。

【今译】

六三，在重重陷穴之间来来回回，陷穴险而且深，落入陷穴深处。不宜采取行动。

【导读】

六三以阴爻居下卦的最高位，位于两个坎卦之间，进退都是陷穴。“枕”是深的意思，表示陷入了陷穴的深处，处境十分危险。以六三柔弱的性格和不中不正的品行是不可能脱离险境的，故爻辞告诫“勿用”，也就是不要贸然采取行动。这时候人们只能静观其变，耐心等待，并且深刻反省落入陷穴的原因，同时为脱离险境创造条件。

六四，樽酒，簋贰，用缶，纳约自牖，终无咎。

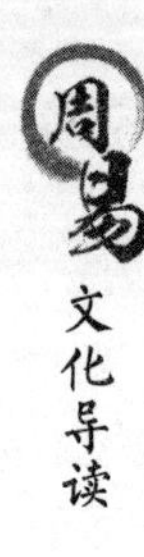

【今译】

六四，一樽酒，两簋饭，装在瓦罐里，从窗户送入取出，最终没有过错。

【导读】

六四爻以阴爻居阴位，得正，但仍然处于陷穴之中。“樽”是盛酒的容器，“簋”是盛饭的容器，“缶”是朴质的瓦罐，“牖”是窗户。酒饭都装在瓦罐里从窗户送入取出，说明六四正深陷牢狱之灾。六四虽为囚犯，但能享受酒食的优待，表明狱事有缓和迹象，又因为六四能始终坚守正道，其最终结果是吉利的。

九五，坎不盈，祇既平，无咎。

【今译】

九五，陷穴没有满盈，小丘已经铲平，没有灾祸。

【导读】

九五爻以阳爻居尊位，至中至正，至刚至尊。以九五的能力和德性走出陷穴已希望在即。“坎不盈”指流水还没有把陷穴注满，但只要流水不断，陷穴总有盈满的时候，比喻虽然现在还没有脱险，但脱险之日已为时不远了。“祇既平”指高出地面的小山丘被铲平了，比喻走出陷穴的障碍已经被清除，免除灾祸指日可待。

上六，系用徽纆，置于丛棘，三岁不得，凶。

【今译】

上六，用绳索捆绑，投入荆棘丛中，多年不得解脱，凶险。

【导读】

上六以阴爻居全卦的最高位，代表落入陷穴的最终结局。

落入陷穴只有两种结局，或者顺利走出陷穴，摆脱困境，或者长期囿于陷穴，最终困死其中。走出陷穴是以坚持正道为前提的，而上六为人阴险，品行低劣，完全不具备走出陷穴的条件。“丛棘”借代陷穴、牢狱等危险境地，“三年”是一个虚数，表示时间很长。上六被人用绳索捆绑起来，投入荆棘丛中，深陷危境多年不得解脱，最终结局是凶险的。

离卦第三十

离卦

离：利贞，亨。畜牝牛吉。

【今译】

离：利于坚守正道，亨通。蓄养母牛，吉利。

【导读】

离是附丽、附着和依附的意思。离卦讲如何处理人生和人际关系。从卦象来看，本卦由两个离卦重叠而成，离代表日，又因此引申出光明的意思。太阳必须附丽于天才能普照大地，由此给世间带来光明，因此离卦又寓意附丽。世间万物总是相互附丽，彼此联系的。人尤为如此，人不可独立于社会而存在，人与人之间有着错综复杂和千丝万缕的附丽关系。人际关系处理不当，社会就会闭塞不通，人际关系通畅了，社会也就亨通了。人际关系能否处理得当首先要看这种附丽关系是否合乎正道。离卦寓意光明，人际间的附丽要做到光明磊落，以追求正义为目的，而不是鬼鬼祟祟地相互勾结在一起蝇营狗苟。离卦二阳蓄一阴，以阴柔为正，象征人们在处理人际间的附丽关系时应该像温驯的母牛那样，始终秉持一种柔顺的态度，相互谦让，彼此顺从。以光明磊落的胸怀和柔顺的性情来处理人际关系，就能够获得亨通和吉利。

初九，履错然，敬之，无咎。

【今译】

初九，步履错乱，恭敬地行事，没有灾祸。

【导读】

初九爻以阳爻居阳位，得正，但有过于阳刚而又急于冒进之象。犹如一个初出茅庐的年轻人，他满怀积极向上的热情，而缺乏冷静和审慎，以致步履错乱，行动毫无目标。好在他发现了错误，重新采用恭敬慎重的态度来做事，所以最终能免于灾祸。

六二，黄离，元吉。

【今译】

六二，黄色附丽于物，大吉大利。

【导读】

六二以阴爻居阴位，居中得正，是一卦之主，离卦以柔顺为正，本卦以母牛为象盖由六二引申而来。黄色是大地即土的颜色，土位于五行中央，因此黄色被视为中间色，寓意中和、中正。将黄色附丽在事物上面，比喻人们在处理人际关系时应该本着中正的原则，不偏不倚，走中庸之道，如此是大吉大利的。

九三，日昃之离，不鼓缶而歌，则大耋之嗟，凶。

【今译】

九三，太阳偏西，如不敲着瓦盆高歌，就会发出垂暮老人的哀叹，凶险。

【导读】

九三以阳爻居下卦的最高位，虽得正但已经走到了下卦的尽头。“离”在本爻中取“日”义，“日昃之离”就是太阳偏西

快要下山了，比喻人生已步入迟暮之年。正如离卦卦象所揭示的那样，下卦之离即今天的太阳就要落下了，而上卦之离即明天的太阳明朝自会升起，这是天地运行的自然规律。于人生而言，人生垂暮是不可避免的生命现象，如以一种“鼓缶而歌”的乐观精神去面对，则可以乐而无忧地安度晚年。相反，如果总是哀叹老之将至，无异于加速衰亡，结果必然凶险。

九四，突如其来如，焚如，死如，弃如。

【今译】

九四，突然来临，火在燃烧，死亡，抛弃。

【导读】

九四爻以阳爻居阴位，不正，又位于上卦之初，不中，象征九四在处理人际关系时有失中正之道。中正是维系人际间附丽关系的基本原则，如人际交往有失中正之道将带来灾难性的后果。爻辞生动地描写了这种不正当关系破裂后的惨状：犹如一场突如其来的火灾顷刻间烧毁了一切，原本还如胶似漆的朋友现在变成了你死我活的敌人，最终相互抛弃而分道扬镳。爻辞从反面再次强调了中正原则在人际交往中的重要性。

六五，出涕沱若，戚嗟若，吉。

【今译】

六五，泪流满面，忧戚哀叹，吉利。

【导读】

六五爻以阴爻居尊位，虽不正而居中，象征一种中和谦卑的性情。六五虽身居君位，但自知性情柔弱，能力不足，因而能心存戒惧，处处小心谨慎，这样便可以处理好君臣和君民关系。“出涕沱若，戚嗟若”是其戒惧心理的真实表现，同时六五中和谦卑的性情能够赢得万民的支持和拥戴，因而结果是吉利的。

上九，王用出征，有嘉。折首，获匪其丑，无咎。

【今译】

上九，君王出征讨伐，获得赞誉。斩杀敌人的首领，俘获敌众，没有灾祸。

【导读】

上九爻以阳爻居全卦最高位，有阳刚过盛之象，象征处理人际关系时所采取的一种极端方式。当天下人心归顺的时候出现了少数“异己”分子，君王为维护国家利益而不得已出兵征讨，获得了人民的赞誉。但征战必须适可而止，斩杀敌人的首领即可，俘获敌众而不加以杀戮。如一味赶尽杀绝，则会激起对方奋力抵抗，酿成更加惨重的损失。用征伐来处理人际关系毕竟有失中正原则，即使获胜对于国家也只是“无咎”而已，不能称为吉利，因而不到万不得已不能用兵。

文化导读

下经

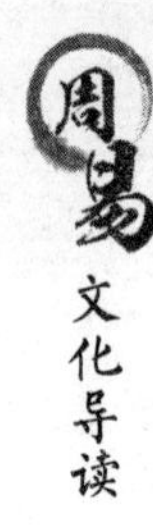

咸卦第三十一

咸卦

咸：亨。利贞，取女吉。

【今译】

咸：亨通。利于坚守正道，娶妻吉利。

【导读】

咸是感的古字，感应的意思。咸卦讲人与人之间相互感应的道理。从卦象来看，咸卦上卦为兑，代表泽，下卦为艮，代表山，山上有泽，泽水向下润泽大山，大山承载着泽，山水交融而相互感应。正如天地万物无不相互联系，且彼此和谐共存，而人与人之间的相互交往若能达到一种相互感应和感同身受的境界，那么整个社会就无比亨通。但人际间的感应必须以坚守正道为前提，而不是相互揣测。夫妻关系是基本的人际关系，“取女吉”比喻人与人之间的感应要像夫妻那样默契，心有灵犀。

初六，咸其拇。

【今译】

初六，感应在大脚趾上。

【导读】

初六居全卦的最下方，象征人与人相互感应的最初阶段。“拇”是大脚趾，位于人体的最下方，比喻人际交往之始。“拇”又位于足的最前方，是最先行动的地方，比喻两人初次见面相互感应还不够深入，但双方都有增进了解的愿望。

六二，咸其腓，凶，居吉。

【今译】

六二，感应在小腿肚子上，凶险，安居吉利。

【导读】

六二爻以阴爻居阴位，得正，又居中，有中正之德。“腓”指小腿肚子，与初六爻相比此时人际间的感应有了初步发展，但仍然处于交往的初级阶段，感情的发展不宜过快，一见钟情式的感应往往是不真实的，甚至会带来凶险。六二秉持中正的德性安居现状，不急于求成，这是有利的。

九三，咸其股，执其随，往吝。

【今译】

九三，感应在大腿上，执意追随别人，前往招致羞辱。

【导读】

九三以阳爻居下卦的最高位，虽得正但有性情急躁冒进之象。“股”是大腿，大腿不能自主运动，只能随脚和小腿而动，比喻在与别人的相互感应中始终处于一种被动局面，缺乏主见。在人际交往中，如对方施以一点恩惠就盲目地追随人家，就很容易被人控制，丧失自己独立的人格，这样做只会给自己带来羞辱。

九四，贞吉，悔亡。憧憧往来，朋从尔思。

【今译】

九四，坚守正道吉利，悔恨消失。心意不定地来往，朋友顺从你的想法。

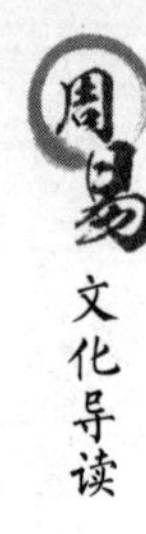

【导读】

九四以阳爻居阴位，具有阳刚的气质，但又不失谦卑的性情。“憧憧往来”指心意不定地频繁往来。“朋”是朋友的意思。九四已进入咸卦的上卦，表示人际交往和相互感应已经进入一个新的阶段，这一阶段人们内心充满了矛盾，犹如男女经过相识而刚刚进入恋爱中，明明倾心相从却又有些心神不宁。爻辞告诫人们在交往和感应中要始终坚守正道才能获得吉利，也才能免于悔恨。

九五，咸其脢。无悔。

【今译】

九五，感应在后背。没有悔恨。

【导读】

九五爻以阳爻居尊位，至中至正，至刚至尊。九五居君位，他所感应的对象是天下黎民百姓。“脢”是后背上的肉，距离心脏很近，感觉尤其敏锐，比喻君王时刻心系苍生，对百姓的生活状态十分敏感，这样的君王能够得到百姓的拥戴，也就能做到无悔。

上六，咸其辅、颊、舌。

【今译】

上六，感应在牙床，面颊和舌头上。

【导读】

上六爻以阴爻居全卦最高位，象征人与人之间的感应已经走到了穷途末路，不能再继续发展下去了。“辅、颊、舌”指“牙床、面颊和舌头”，辅颊舌三者配合而动人才能说出话来。“咸其辅、颊、舌”说明感应需要用言语表达出来，这不是真正的感应行为。感应本是心灵的交融，无需言语而达到内心的默契，以花言巧语去求得别人的感应是不真实的。

恒卦第三十二

恒卦

恒：亨。无咎，利贞，利有攸往。

【今译】

恒：亨通，没有灾祸。利于坚守正道，利于有所前往。

【导读】

恒是恒久的意思，恒卦讲持之以恒的道理。从卦象来看，恒卦上卦为震，代表雷，下卦为巽，代表风，风雷交加是恒久的自然现象。将之引申到社会层面，震为长男，巽为长女，震上巽下象征古时男尊女卑的伦理观念，在古人看来这种观念是不容颠覆而恒定持久的；同时也比喻男动于外，而女顺于内的夫妻之道，古人认为这种夫妻之道是恒久不变的社会常理。持之以恒是取得事业成功的关键，只有树立坚定的信心并为之不懈努力，事业才能够亨通，也才能在前进的路上免于灾难。不过“持之以恒”也是有前提的，那就是要坚守正道。如果人们已经误入歧途，并长期坚守而不思悔改，人们就只能在错误的道路上越走越远，如此不但不能亨通，反而会带来灾难，因此人们只有坚守正道才能无所不利。

初六，浚恒。贞凶，无攸利。

【今译】

初六，恒久地追求深度。坚守正道以防范凶险，否则就没

有什么好处。

【导读】

初六以阴爻居阳位，不正且柔弱。初六位于全卦的最下方，象征处于事物发展的最初阶段。凡事都有一个日积月累的过程，持之以恒必须坚持循序渐进的原则。在事物发展之始，当各方面的条件都还不甚成熟，事物的发展方向尚不明确，此时若急切地做一些深远的追求只能适得其反，由此必陷入凶境。急于求成有违恒道之中正原则，是没有好处的。因此，人们一开始就应该为事物的顺利发展积极地创造条件，夯实基础，而不是一味地追求事物发展的深度。

九二，悔亡。

【今译】

九二，悔恨消亡。

【导读】

九二爻以阳爻居阴位，不正。有失正道就应该有悔，而爻辞却直接判之以悔亡，是因为九二居中的缘故。恒道尤为尚中，“过”与“不及”都只是暂时的，只有扼守中道万事万物才能处于一个恒常的稳定状态。爻辞由此告诫人们行事要坚持中庸的原则，不偏不倚就没有悔恨。

九三，不恒其德，或承之羞。贞吝。

【今译】

九三，不能长久地坚守自己的品格，就可能受到别人的羞辱。坚守正道以防范过错。

【导读】

九三爻以阳爻居阳位，虽得正而不居中，又位于下卦的最高位，预示着事物即将发生变化，故称之为“不恒其德”。“德”指的是中庸的美德，坚守中道不是一朝一夕的事，必须恒常持久。九三不能恒守中庸之德，必将遭到别人的羞辱。爻辞再次告诫人们要长期坚守中正之道，不能半途而废，如此才能防止过错。

九四，田无禽。

【今译】

九四，田猎没有得到猎物。

【导读】

九四爻以阳爻居阴位，不正，且不居中。“田”是田猎，“禽”是猎物，“田无禽”是指长期田猎却没有获得猎物，比喻劳而无获。九四既不中也不正，完全违背了恒道的基本原则，比喻某人长期处于一个不当的位置，无论怎么辛苦劳作，最终亦将一无所获。

六五，恒其德，贞。妇人吉，夫子凶。

【今译】

六五，长久地坚守自己的品格。妇人吉利，男人凶险。

【导读】

六五爻以阴爻居尊位，虽不正却得中。六五居中具有柔顺的品格，“恒其德，贞”指坚守柔顺的美德，“柔顺”是妇人固有的美德，妇人长期坚守之是很吉利的，但对于“夫子”即男人而言，一味“柔顺”并非正道，男人当有阳刚之美，特别是居于尊位的君王更应该具有刚毅果敢的品格，如一味优柔寡断就不能形成一个统一的决策，就会失信于民，这于己于民都是凶险的。爻辞说明对于不同的对象，恒道的具体内容是不同的，

要区别对待。

上六，振恒。凶。

【今译】

上六，动摇恒久之道，凶险。

【导读】

上六爻处于上卦的最高位，上卦为震，有震动而摇摆不定之象，又位于全卦之终，预示着事物将要发生变化，故称为“振恒”。恒道贵在坚持，如反复摇摆不定只能带来凶险。如身居高位而不能坚守恒道，性情摇摆不定，朝令夕改，就只能给国家和人民带来无尽的灾难。

遁卦第三十三

遁卦

遁：亨，小利贞。

【今译】

遁：亨通，弱小者利于坚守正道。

【导读】

遁是隐退和退避的意思，遁卦讲隐退和退避的道理。从卦象上看，遁卦上卦为乾，代表天，下卦为艮，代表山，天下有山，山试与天比高，看上去山高而近在眼前，而天却退而远之。遁卦初爻和第二爻均为阴爻，代表阴气自下而生，阳气有逐渐衰落的趋势，比喻小人势力渐长，此时形势对君子很不利，君子只有暂时退而避之才能亨通。在阴长阳消的时候，君子的势力是很弱小的，暂时退隐不失为明智之举，但同时也必须坚守正道，以等待复出的机会。

初六，遁尾，厉。勿用有攸往。

【今译】

初六，退避不及时，危险。不宜有所前往。

【导读】

初六爻以阴爻居全卦的最下方，地位卑微，性情柔弱，行事优柔寡断。当危机来临，人们本应当机立断及时退避，而初六却迟疑不决，退避不及时，落在了退避队伍的最后，这当然是很危险的。如同自然界的生存法则一样，当猎物受到猛兽攻

击时，猎物惊起逃奔，而那些反应迟钝来不及逃避的猎物最终将落入猛兽之口。遁卦总体上呈现一种阴长阳消小人得势的态势，初六所处的环境和他本身的素质都不允许他采取任何冒进的行动，他最明智的做法就是及时退避，如来不及退避至少也应该在相对安全的地方静观形势的变化。

六二，执之用黄牛之革，莫之胜说。

【今译】

六二，用黄牛皮制成的革带捆绑，没有人能够解脱。

【导读】

六二爻以阴爻居阴位，得正，又居中位，有中正之德。六二爻讲当危机来临时人们无法退避的情况。人生中并不是每种危机人们都能选择退避，对于一些无法退避的危机我们必须勇敢地面对。“黄牛之革”异常坚韧，被黄牛皮制成的革带捆绑住比喻人们被危机牢牢困住，无法脱身。此时人们应当坚守中正之道，既不贸然行动，也不与邪恶势力同流合污，尽量做到独善其身。

九三，系遁，有疾，厉。畜臣妾吉。

【今译】

九三，退避却心有牵系，有疾病，危险。蓄养奴仆婢女吉祥。

【导读】

九三爻以阳爻居下卦的最高位，这是一个面临进退抉择的位置，故爻辞曰“系遁”，即本该退隐却心有所牵系，以致身心疲惫终成疾患，这是很危险的。爻辞告诫人们既然已决定要退隐，就应该洒脱豁达一些，全身而退。“臣”是男性奴仆，“妾”是女性奴仆，“畜臣妾”是家庭内部的一些小事，比喻人们退隐之后当持“不在其位，不谋其政”的思想，管理好家事是最吉利的。

九四，好遁，君子吉，小人否。

【今译】

九四，喜好退避，君子吉祥，小人闭塞。

【导读】

九四爻以阳爻居阴位，在此阴长阳消之时形势对君子是极为不利的，君子当机立断，不为当前利益所诱惑而急流勇退，其结果当然是吉利的。而小人却根本做不到这点，他们往往贪图眼前小利而错失退避的良好时机，因而使自己陷入闭塞不通的境地。

九五，嘉遁，贞吉。

【今译】

九五，美好而及时的退避，坚守正道吉祥。

【导读】

九五爻以阳爻居君位，至刚至尊，至中至正，代表功成名就之时，此时是隐退的最佳时机，可保全身而退，故而称为“嘉遁”。如待泰极否来之时不得已而隐退，则有可能导致身败名裂。当君子身处阴长阳消的环境中，主动采取“嘉遁”的处世之道无疑是最为明智的做法，但他还必须始终坚守正道方可获得吉利。

上九，肥遁，无不利。

【今译】

上九，高飞远退，无所不利。

【导读】

上九爻以阳爻居上卦的最高位，表明君子以坚毅的性格义无反顾地远走高飞，他脱离了世俗的纷扰而进入一种“超尘脱俗”的境地，这当然是无所不利的。

大壮卦第三十四

大壮卦

大壮：利贞。

【今译】

大壮：利于坚守正道。

【导读】

大壮是大为强盛的意思，本卦主要讲如何运用强力的道理。从卦象上看，大壮上卦为震，下卦为乾，震为雷，乾为天，取雷声响彻天上，声势浩大，强壮有力之意。从卦的构成来看，大壮卦下面四个阳爻，上面两个阴爻，表示阳气强盛，阴气衰微，此时正是万物茁壮成长的大好时机。但在如此壮大强盛的时刻，切记要坚守正道，不可妄为。

初九，壮于趾。征凶，有孚。

【今译】

初九，脚趾强盛。征伐必有凶险，拥有诚信。

【导读】

初九爻以阳爻居全卦的最下方，“趾”也是位于人体最下方的部位，二者都表示目前尚处于事物发展的最初阶段，实力还不够强大。此时人们如自不量力，贸然兴师动众征伐别人，必然会带来凶险。爻辞告诫人们，当自己羽翼未丰时要戒骄戒躁，耐心地不断积蓄力量，同时也要保持内心的诚信，以赢得别人的信赖和支持，为今后事业的发展奠定坚实的基础。

九二，贞吉。

【今译】

九二，坚守正道吉利。

【导读】

九二爻以阳爻居阴位，失正，但结果却是吉利的，原因在于九二居中，具有中庸之德。爻辞在于告诫人们在力量不断壮大的时候，一定要坚守正道，并秉持中庸之道，断不可持强而偏执。

九三，小人用壮，君子用罔，贞厉。羝羊触藩，羸其角。

【今译】

九三，小人用强力，君子则不用。坚守正道以防危厉。公羊用角抵触藩篱，反而被藩篱缠绕住了。

【导读】

九三爻以阳爻居下卦的最高位，有阳刚过盛、持强冒进之嫌。身居此位的小人往往仰仗自己强大的力量，以强凌弱。恃强斗狠也许能逞一时之勇，但最终结果却是很凶险的，就如同一头争强好胜的公羊用角去抵触藩篱，结果反而让藩篱把它的角给缠绕住了，使自己陷入进退两难的境地。爻辞以此为喻告诫人们使用强力不但不能从根本上解决问题，反而会使问题更加恶化。与小人"用壮"不同的是，君子的势力虽然很强壮，但他不持强好斗，而是巧妙地运用自己的智慧使人心悦诚服。但君子在强壮之时也应该时刻警醒坚守正道，以防范可能出现的危厉。

九四，贞吉，悔亡。藩决不羸，壮于大舆之輹。

【今译】

九四，坚守正道吉利，悔恨消失。藩篱决口了，羊角摆脱了缠绕，像大车的轮辐那样壮实。

【导读】

九四爻处于四个阳爻的最高位，可谓阳刚至极，但又居阴位，有失正之嫌，如长此以往，必然招致悔恨，因此爻辞告之以“贞吉”，即只有坚守正道才能获得吉利，悔恨自然也就消失了。君子此时势力极其强盛，他已经冲破了藩篱，摆脱了缠绕，犹如大车的轮辐在前进的道路上势不可当。爻辞一方面重视能力的壮大和强盛，同时也强调中正品质的重要性，二者缺一不可。

六五，丧羊于易，无悔。

【今译】

六五，羊在田畔被丢失了，没有悔恨。

【导读】

六五爻以阴爻居尊位。整个大壮卦都以“羊”来比喻“壮大和强盛”，但六五爻已经刚刚从阳爻变成了阴爻，已经失去了壮大和强盛的气势，故曰“丧羊”。但六五居中不失中和之德，行事谦卑，因而不会招致悔恨。

上六，羝羊触藩，不能退，不能遂，无攸利，艰则吉。

【今译】

上六，公羊角抵藩篱，不能退却，不能前进，没有任何好处。能够忍受艰难就可以获得吉利。

【导读】

上六爻以阴爻居全卦的最高位，比喻已经到了“强盛”的

尽头而出现衰微之势。此时人们如不量力而行，贸然行事，就如同一只公羊用角抵触藩篱，却反而被藩篱缠绕住，处于进退维谷的境地，这样做当然是没有什么好处的。当势力由盛入衰陷入艰难之境时，人们应该坦然地面对现实，在忍受艰苦的同时耐心等待形势好转，这样做结果才是吉利的。

晋卦第三十五

晋卦

晋：康侯用锡马蕃庶，昼日三接。

【今译】

晋：尊贵的诸侯被赏赐众多的车马，一天之内多次受到天子接见。

【导读】

晋是前进和晋升的意思，晋卦讲前进和晋升的道理。从卦象来看，晋卦上卦为离，代表日，下卦为坤，代表地，整个卦象恰似旭日从大地上升腾起来普照大地，比喻万物得以生长，人们的事业不断增进发展。那些受人尊敬的诸侯使人民过上安康的生活，他们不仅应该得到天子的嘉奖和器重，而且能够得到晋升，被赋予更多的职责去治国安天下。

初六，晋如，摧如，贞吉。罔孚，裕无咎。

【今译】

初六，前进呀，挫折呀，坚守正道就会吉利。得不到别人的信任，放宽心就不会有灾祸。

【导读】

初六位于晋卦的最下方，比喻在前进的最初阶段。“催如”指受到挫折，刚开始前进就受到挫折无疑会使人沮丧，但人们千万不能气馁，只要能够坚守正道，持之以恒，结果就会吉利。在前进的初始阶段暂时得不到别人的信任，但自己如能始终以

诚信待人，日久自然能获得别人的信任和尊重，也就不会有任何灾祸。

六二，晋如，愁如，贞吉。受兹介福，于其王母。

【今译】

六二，前进呀，忧愁呀，坚守正道就会吉利。蒙受这么大的福佑，来自于他的祖母。

【导读】

六二爻以阴爻居中，得正，具有中正柔顺之德。前进的道路不会是一帆风顺的，人们往往会因为受到挫折而充满忧愁，但只要保持锲而不舍的意志不断进取，付出的努力就能够得到丰厚的恩惠和福泽。“王母”指处于君位的六五爻，六二能够坚持中正柔顺的品格，且始终具有锐意进取的精神，因而能够得到君王巨大的嘉奖。

六三，众允。悔亡。

【今译】

六三，得到众人的信任。悔恨消失。

【导读】

六三爻以阴爻居阳位，既不中，也不正，本应有悔，爻辞却判之以“悔亡”，原因就在于他获得了众人的信任。六三与下面的两个阴爻团结一致，共同前进，具有广泛的群众基础。爻辞强调人们要得到晋升和发展就必须获得民心，以赢得人民群众的信赖和支持。

九四，晋如鼫鼠，贞厉。

【今译】

九四，像鼫鼠那样前进，坚守正道以防危厉。

【导读】

九四爻以阳爻居阴位，失正。“鼫鼠”又称为“五技鼠”，此物身怀五技却无一精通，会飞却飞不过屋檐，会攀援却爬不上树，会泳游却游不过河谷，会打洞却打不出一个可以藏身的洞穴，能走路却赶不上人，且本性贪婪而胆小。爻辞以鼫鼠比喻有的人在前进的道路上畏畏缩缩，且又一味贪多却一事无成。九四本身失正，且行为不端，故爻辞诫之以坚守正道以防危厉。

六五，悔亡。失得勿恤，往吉，无不利。

【今译】

六五，悔恨消失。不要顾虑得与失，前往将得到吉利，无所不利。

【导读】

六五爻以阴爻居君位，具有中和之德，为人谦逊，行事持中不偏，虽自身资质柔弱，但他能得到周围贤能的辅佐，因而能做到“悔亡”。在前进的道路上人们不必患得患失，眼前的得失往往会成为前进路上的绊脚石。胸怀远大志向的君子不会羁迷于当前的利益，他将撇开所有的羁绊而义无反顾地前进，其结果是吉利的。如果他被当前暂时的得失困扰而停止前进的步伐，无疑将前功尽弃，这样做没有任何好处。

上九，晋其角，维用伐邑。厉，吉，无咎，贞吝。

【今译】

上九，晋升到了顶点，宛如到了兽角的尖端。可以征伐邑

国，虽然危险，但结果却是吉利的，不会有灾祸。坚守正道以防遗憾。

【导读】

上九爻以阳爻居全卦的最高位，表示已经前进到了尽头，恰如处于兽角的尖端，再没有任何前进的空间了，比喻事物发展到了物极必反的阶段，任何进一步的行动都可能招致灾祸。于国家而言，此时已不宜再采取对外行动，而应该专注于处理国家内部事务，巩固前进过程中取得的业绩。“邑”是国家内部的小邦国，“维用伐邑”，即采用军事手段维护国内的安定团结，这样做虽然有危险，但对于国家的长治久安是大有裨益的。采用军事行动是为了维护正义，不可滥用，因此爻辞再次强调要坚守正道，以防出现令人遗憾的事情。

明夷卦第三十六

明夷卦

明夷：利艰贞。

【今译】

明夷：在艰苦中坚守正道是有利的。

【导读】

明夷是光明泯灭的意思，本卦讲韬光养晦之道。从卦象来看，明夷卦上卦为坤，代表地，下卦为离，代表日，整个卦象恰似太阳没入地下，光明遭到泯灭，世道昏暗。在此君主昏庸、奸臣当道的世事中，君子自不会与邪恶势力同流合污，但若贸然与昏暗的世事抗争却难免性命不保。因此，此时君子最为明智的做法就是采用韬光养晦之术，在艰苦的世事中将自己的智慧隐藏起来，以免遭小人之害，并坚守正道，静待世道好转再图发展。

初九，明夷于飞，垂其翼。君子于行，三日不食。有攸往，主人有言。

【今译】

初九，光明泯灭，迅速飞离，低垂双翼。君子遁行，三日顾不上吃饭，主人有责怪之言。

【导读】

初九爻位于全卦的最下方，比喻光明刚开始遭到泯灭。此时君子虽然并没有受到伤害，但他能够审时度势，预见到昏暗

的世道即将来临，于是他毅然决定远走高飞。飞鸟垂翼比喻君子低调而又迅速地离开，三日不食表明君子志在急于逃离黑暗的是非之地，连饭也顾不上吃，一副饥肠辘辘的形象，即使遭到别人的非议也在所不惜。

六二，明夷，夷于左股。用拯马壮，吉。

【今译】

六二，光明泯灭，左边的大腿受到伤害。用强壮的马来拯救，吉祥。

【导读】

六二爻以阴爻居阴位，又位于下卦的中位，具有柔顺中正之德。在光明遭到泯灭、世道昏暗之时具有柔顺中正之德的君子最容易受到小人的嫉恨和伤害。君子欲自晦其明，逃离是非，却因为小人迫害迟迟不能离开，好在君子平日能够持中守正，在危难之时强大的朋友自会前来相助，犹如当人们大腿受伤行动迟缓时得到了一匹强健的快马，因而能够迅速离开险境，转危为安。

九三，明夷于南狩，得其大首。不可疾贞。

【今译】

九三，光明泯灭，在南方征伐，捕捉到大首领。不可操之过急，坚守正道。

【导读】

九三爻以阳爻居阳位，得正，又处于下卦的最高位，具有阳刚之德和向往光明之志。与初九和六二不同的是，当光明遭到泯灭时，九三没有选择退避，而是积极地采取行动讨伐黑暗势力。明夷卦下卦为离，在八卦中离代表南方，“明夷于南狩”

比喻在南方用兵讨伐，“得其大首”指抓住了黑暗势力的首领，比喻大获全胜。当然，在光明遭到泯灭时，黑暗势力是很强大的，以明伐暗当慎重行事，不能操之过急，而且应该坚守正道，以匡扶正义为目的，断不可滥用兵事。

六四，入于左腹，获明夷之心，于出门庭。

【今译】

六四，进入左方腹部位置，获得光明泯灭的内情，走出了院子。

【导读】

六四爻以阴爻居阴位，得正，又位于上卦的最下方，上卦为坤，表明六四已经进入了昏暗的地下。周代以左为尊，“入于左腹”比喻君子已经涉入了黑暗的势力的腹心之中，因而能够了解到光明遭到泯灭的内情。坚守正道的君子是不屑于与黑暗势力同流合污的，但如与黑暗势力公然对抗，恐性命难保，他此时最为明智的做法就是出门逃避，远离黑暗的是非之地。

六五，箕子之明夷，利贞。

【今译】

六五，当光明泯灭时像箕子那样去做，利于坚守正道。

【导读】

六五爻以阴爻居尊位，具有中和谦卑之德。“箕子”是商纣王的叔父，他曾苦谏商纣王停止骄奢淫逸的生活和残暴的统治，却遭到商纣王断然拒绝，于是箕子披发佯狂为奴，得以保全性命。武王克商后，箕子将治国之道和盘托出授予武王。爻辞以箕子的故事告诉人们在光明遭到泯灭时应采取灵活多变自晦其

明的策略，保全性命得以安然度过艰难的昏暗时期，静待光明再次降临以充分发挥自己的才智。

上六，不明晦，初登于天，后入于地。

【今译】

上六，不明反而晦暗，起初登于天上，后坠落入地下。

【导读】

上六爻居于全卦的最高位，表示到了昏暗至极的时候，即光明完全被泯灭，人世间处于一片黑暗的状态。“初登于天”指的是日出，此时大地一片光明，“后入于地”指的是日落，此时大地陷入黑夜之中。光明和黑暗总是在不断地交替轮回，人世间的开明和昏暗又何尝不是如此？在光明被泯灭，自晦其明的君子当坚信在世道最为黑暗的时刻光明就要来临了。

家人卦第三十七

家人卦

家人：利女贞。

【今译】

家人：利于女子坚守正道。

【导读】

家人即家庭成员，家人卦讲如何治家的道

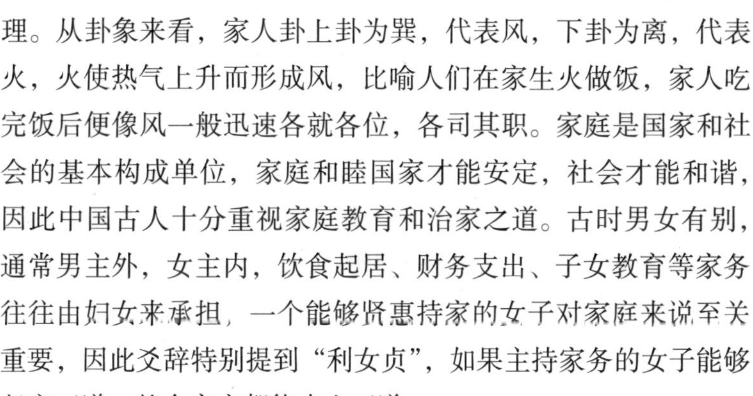

理。从卦象来看，家人卦上卦为巽，代表风，下卦为离，代表火，火使热气上升而形成风，比喻人们在家生火做饭，家人吃完饭后便像风一般迅速各就各位，各司其职。家庭是国家和社会的基本构成单位，家庭和睦国家才能安定，社会才能和谐，因此中国古人十分重视家庭教育和治家之道。古时男女有别，通常男主外，女主内，饮食起居、财务支出、子女教育等家务往往由妇女来承担，一个能够贤惠持家的女子对家庭来说至关重要，因此爻辞特别提到“利女贞”，如果主持家务的女子能够坚守正道，整个家庭都能步入正道。

初九，闲有家，悔亡。

【今译】

初九，在家中有所防备，悔恨消失。

【导读】

初九爻是全卦之始，表示开始治家。“闲”是防范、规范的意思，治家从一开始就应该立下规矩，教育家人要坚守正道，

以防范可能出现的问题，只有做到防患于未然才能没有悔恨，如待出现问题再加以弥补，则悔之晚矣。

六二，无攸遂，在中馈，贞吉。

【今译】

六二，没有别的成就，在家中主持饮食方面的事情，坚守正道是吉利的。

【导读】

六二爻以阴爻居阴位，得正，又位于下卦中位，具有中正之德。六二爻讲家庭分工的问题，商周时期妇女主要在家操持家务，这是由当时的社会历史条件所决定的。由于自然条件恶劣，社会生产力低下，渔猎、农耕等户外生产劳动需要大量体力，男人便成为户外生产的主要劳动力，而相对柔弱的妇女是无法胜任这些繁重的体力活动的，因此从这个意义上讲古时“男主外，女主内”的家庭和社会分工基本上是合理的。在妇女负责的家务中每天能按时给家人提供可口的饭菜无疑是最重要的。妇女能够履行好自己在家中的职责就是坚守正道，这当然是吉利的。

九三，家人嗃嗃，悔厉，吉。妇子嘻嘻，终吝。

【今译】

九三，家人愁怨满面，尽管有所悔恨，甚至危险，但结果终归是吉利的。妇人和孩子嘻嘻哈哈，终究会产生遗憾。

【导读】

九三爻以阳爻居下卦的最高位，有阳刚过盛之嫌，恰似一位过于严苛的家长。“嗃嗃”是严厉的斥责之声，象征家长对家人严加管教和约束。由于家教过于严格，时常会遭到家人的埋怨，甚至会出现一些危险的结果，但从长远来看，严谨治家却能使家人坚守正道，最终结果是吉利的。“嘻嘻”是轻浮嬉笑的声音，象征家长治家不严，放任妇人和孩子的过错，长此以往必然家道败落而招致悔吝。

六四，富家，大吉。

【今译】

六四，发家致富，大吉大利。

【导读】

六四爻以阴爻居阴位，得正。六四已经进入上卦巽，巽为顺，代表家中柔顺的贤妻良母。家中如有这样一个坚守正道的女主人，既温柔贤惠，又能克俭持家，使家庭富裕，当然是大吉大利的事。

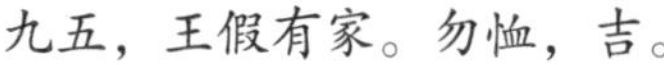
九五，王假有家。勿恤，吉。

【今译】

九五，君王治国就像治家一样，不用担心，吉祥。

【导读】

九五爻以阳爻居君位，至刚至尊，至正至中，恰似一位威严而又不失中和之德的君王。爻辞将治家的道理上升为治国的方略，古时家国为一体，君王将臣民视为自己的家人，治国犹如治家。国就是一个大家庭，君王就是这个大家庭的家长，君王与臣民相亲相爱，天下所有的人都像爱护自己的家人那样去爱护别人，这个国家还有什么可担忧的呢？结果自然是吉利的。

上九，有孚，威如，终吉。

【今译】

上九，有诚信，有威严，终究吉利。

【导读】

上九爻以阳爻居全卦的最高位，代表一位高高在上的家长。“诚信”和“威严”是一家之长必备的素质。作为家长他必须以身作则，严于律己，以高尚的品行去感召家人，以诚信的言行赢得家人的信赖和敬畏。治家如能做到威而有信终究是吉利的。

睽卦第三十八

睽卦

䷥

睽：小事吉。

【今译】

睽：对小事吉祥。

【导读】

睽是乖异、背离的意思。本卦讲如何处理不同意见的道理。从卦象来看，睽卦上卦为离，代表火，下卦为兑，代表泽，火焰向上烧，而泽水往下渗透，二者的运动方向是相反的。宇宙万物既彼此依存，却又相互矛盾。“睽”指大家各怀心志，不能团结一致，这对于一些仅凭个人能力就能完成的小事暂且是吉利的，但欲成就一番大事业，大家必须同舟共济、同心同德方能取得成功。

初九，悔亡。丧马勿逐，自复。见恶人，无咎。

【今译】

初九，悔恨消失。丢失了马匹，不要去追寻，它自己会回来的。遇见了恶人，但没有灾祸。

【导读】

初九爻以阳爻居全卦的最下位，虽得正，但地位卑微，能力不足，因此不宜轻举妄动。此时人们如能耐心等待，凡事都顺其自然，悔恨就会消失。爻辞以“丧马”为例，马跑了，人越追马越跑；干脆不去追它，马反而会自己跑回来。如遇到

与自己意见不合的人，不要刻意立即求同，以谦虚的态度去倾听对方的意见，避免激化矛盾，如此则可以免除与人交恶的灾祸。

九二，遇主于巷，无咎。

【今译】

九二，在巷子里遇到了主人，没有灾祸。

【导读】

九二爻以阳爻居阴位，虽不正，但位于下卦中位，具有中和、柔顺之德。六五是一卦之主，九二和六五都处于中位，故言“遇主于巷”，“巷”是十分狭小的地方，比喻意见不合的双方狭路相逢，避无可避，退无可退，到了必须面对彼此的时候。此时已没有必要去回避双方的分歧了，不妨以一种中和、柔顺的态度去面对和处理矛盾，这样做就会避免因激化矛盾而造成灾祸。

六三，见舆曳，其牛掣，其人天且劓。无初有终。

【今译】

六三，看见大车被人向后拉，拉车的牛却要向前走，驾车的人额头刺了字，鼻子被割掉了。开始不好，最终会有好结果。

【导读】

六三爻以阴爻居阳位，失正。驾车人和拉车的牛本应同心协力，而此时双方却向不同的方向用劲，比喻意见不合的双方产生了激烈的冲突和矛盾。“天”指在犯人的额头上刺字，“劓”是古代挖掉犯人鼻子的酷刑。由于双方各执一词，互不相让，结果最终对簿公堂，输掉官司的一方遭到严酷的惩罚。

“无初”指意见不合的双方因不能相互体谅而遭到惩罚。“有终”指在受到惩罚后双方终于化解了矛盾，避免了更为严重的后果。

九四，睽孤遇元夫，交孚，厉，无咎。

【今译】

九四，乖异，孤独，遇到大丈夫，相互信任，即使有危险也不会有灾祸。

【导读】

九四爻以阳爻居阴位，失正。九四因与人意见不合而陷入一种孤立无援的境地。此时他遇到了一位胸怀宽广的大丈夫，并以诚信相交。当自己与大多数人意见不合的时候，人们不能将自己封闭起来，相反他应该主动与人交往，开诚布公地告诉别人自己的观点，同时虚心地了解别人的想法，为调和矛盾和冲突铺平道路，这样做可以化险为夷，避免矛盾酿成灾难。

六五，悔亡。厥宗噬肤，往何咎？

【今译】

六五，悔恨消失。族人在一起吃肉，前往没有灾祸。

【导读】

六五爻以阴爻居尊位，失正，本应有悔，但爻辞却判之以“悔亡”，其原因是六五居中位，具有中和、柔顺之德。“宗”指族人，宗亲。“噬肤”指吃肉。爻辞讲意见不合的双方化解了矛盾，终于能够像族人一样相亲相爱，分享快乐。当人们能够冰释前嫌，同心同德，一同前往成就一番事业也就不会有灾祸。

上九，睽孤，见豕负涂，载鬼一车。先张之弧，后说之弧，匪寇，婚媾。往遇雨则吉。

【今译】

上九，乖异，孤独，看见猪背上满是污泥，又满载一车鬼怪。先拉开弓箭，又放下弓箭。不是匪寇，而是来求婚的。前往，遇到下雨则吉祥。

【导读】

上九爻以阳爻居全卦的最高位，失正，恰似一位高高在上而又自我封闭的人。上九爻首先描写了一副怪异而虚无的场景。当人们与别人意见有分歧时，往往性情暴躁，内心狐疑，对别人凭空产生严重的猜忌，甚至出现一些毫无根据的幻觉。此时人们应该尽快镇定下来，犹如在路上遇到一场冰冷的大雨，让已经迷乱的心智立刻清醒过来，冷静地处理双方的矛盾和冲突，这样做结果才是吉利的。

蹇卦第三十九

蹇卦

蹇：利西南，不利东北。利见大人，贞吉。

【今译】

蹇：利于往西南，不利于往东北。利于大人出现，坚守正道，吉祥。

【导读】

蹇是艰难险阻的意思，本卦教人如何渡过艰难险阻。从卦象来看，蹇卦上卦为坎，代表水，下卦为艮，代表山，整个卦象比喻山高水深，引申为艰难险阻。坎有险的意思，艮又有停止的意思，所以全卦还有教人遇险而止的含义。“东北”和“西南”只是比喻，而并非具体的方位。根据八卦方位，西南为“坤”，代表平坦易行之地，而东北为“艮”，代表艰险之地。“利西南，不利东北”是告诉人们避险就易的道理。遇险而止是人生的大智慧，并非懦弱胆怯，相反明知有险而为之乃匹夫之勇，不但一事无成，反而徒增无谓的牺牲。当国家和黎民处于艰难之时，那些具有大才大德的伟人应该出来济民于水火，减轻人民的疾苦。爻辞还告诫人们在艰难之时一定要坚守正道结果才能吉利。

初六，往蹇，来誉。

【今译】

初六，前往有艰难，返回受到赞誉。

【导读】

初六爻居全卦的最下位，表示处于险难之始，同时又位于下卦艮卦的第一爻，艮有“停止”的意思，比喻人们刚刚涉险，便立刻停止前进。知难而退是明智之举，可以避免更大的损失，因而能够得到人们的赞誉。人们欲成就事业，能力和勇气固然重要，但同时也要选择恰当的时机。在蹇难之时，时机尚未成熟而勉强为之，不但于事无补，而且会反受其害。

六二，王臣蹇蹇，匪躬之故。

【今译】

六二，君王的臣仆在困境中奋力济难，他们不是为了自身的缘故。

【导读】

六二爻以阴爻居下卦中位，至中至正，具有中和柔顺之德。古时君王是国家的象征，当国家陷入艰难险阻之时，每个臣民都有责任挺身而出，抛弃个人利益得失，解救国家危难，这种大公无私的精神正是中华民族优秀的传统美德。

九三，往蹇、来反。

【今译】

九三，前往有艰难，就返回来。

【导读】

九三爻以阳爻居下卦的最高位，有冒进之嫌。九三如再进一步就进入上卦“坎”中，坎代表险难，因此爻辞告之以“往蹇、来反”，也就是及时地返回，此时人们不宜急于前进，而是不断地积蓄才德，并耐心地等待克服险难的时机，待时机成熟一举战胜艰难险阻。

六四，往蹇、来连。

【今译】

六四，前往有艰难，联合其他人。

【导读】

六四爻以阴爻居阴位，得正，但性情柔弱，而且已经进入了坎陷之中，危机四伏，仅凭六四一己之力是难以渡过艰险的，因此他必须联合其他人的力量，同舟共济才能走出危难。当人们处于艰险时，需要主动寻求盟友，建立最广泛的统一战线共同应对险难。

九五，大蹇、朋来。

【今译】

九五，遇到大的困难，朋友前来。

【导读】

九五爻居君位，当一国之君处于艰险之中，整个国家就出现了危机，又九五已经深入“坎陷”之中，因此爻辞称之为“大蹇”。“朋来”指志同道合的人前来帮助。九五之所以能够得到众人倾力相助，不仅因为他是一国之君，更因为他至中至正、至刚至尊的德行。爻辞暗示统治者应该加强个人修为的培养，以高尚的德行去赢得民心，在大难之时民众自然能奋不顾身地解救国家危难。

上六，往蹇，来硕。吉，利见大人。

【今译】

上六，前往有艰难，回来有大收获。吉利，利于大人出现。

【导读】

上六爻以阴爻居全卦最高位，虽得正，但毕竟到了艰险至极而且已经穷途末路的时候，处于无处可去的境地。上六本身极为柔弱，如继续在艰险中前进，无异于自取灭亡，因此他最为明智的选择就是及时返回与他人结成联盟，共济艰险，从而战胜困难获得大丰收，这样做当然是吉利的。当国家和社会处于艰险之时，具有大德大才的贤能自然不能袖手旁观，他理应站出来肩负起解救危难的历史责任。

解卦第四十

解卦

解：利西南。无所往，其来复，吉。有攸往，夙吉。

【今译】

解：前往西南方有利。如果没有前往的目标，就返回来，吉利。如果有前往的目标，就早点行动，吉利。

【导读】

解是解除、解脱的意思，本卦讲如何解除危难的道理。解卦上卦为震，有动的意思，下卦为坎，坎代表艰险。《周易》中上卦为外卦，下卦为内卦，从解卦的整个卦象来看，震在外，坎在内，寓意动于险外，比喻危难得以解除。在八卦方位中，西南方是“坤”，代表平坦易行之地，“利西南”比喻避险就易，这是解脱危难的根本原则。当人们还没有确立解脱危境的目标和方向时，切不可轻举妄动，暂且返回原地静待时机，这样做是吉利的。如果时机已经成熟，并且确立了解脱危境的目标和方向，宜及早行动，不可犹豫，结果是吉利的。

初六，无咎。

【今译】

初六，没有灾祸。

【导读】

初六爻位于全卦之初，又在下卦“坎”的首位，表示此刻刚刚涉险。在涉险之初就立刻想办法解除，这样做是没有灾祸的。如果人们对当前的险难置之不顾，任其自由发展下去，则会在险难中越陷越深，最终将难以自拔，从而酿成灾祸。

九二，田获三狐，得黄矢。贞吉。

【今译】

九二，猎获了三只狐狸，得到了铜箭头。坚守正道吉利。

【导读】

九二爻位于下卦的中位，具有中庸之德。“狐”指阴邪的小人，爻辞以狩猎为喻，告诫人们解除险难必须首先清除潜伏在身边的小人。黄色在五行中是中间色，比喻铲除小人不能采用过于偏激的手段，宜实施中庸的策略，既清除小人的危害，又让他们能够看到希望，从而使他们主动放弃反抗。肃清小人能够为解除险难创造条件，但同时自身也必须坚守正道才能获得吉利的结果。

六三，负且乘，致寇至。贞吝。

【今译】

六三，背着东西，坐在车上，招来强盗。坚守正道，以防发生遗憾的事情。

【导读】

六三爻以阴爻居下卦的最高位，他即将走出“坎险”，但却不中不正，俨然一副小人形象。古时穷人徒步而行，只有贵族和富人才有钱乘车。六三本是穷人，自己背负着重物，却坐在华丽的马车上招摇过市，这种丑陋的行为招来了强盗，也可谓咎由自取。爻辞用这个故事告诉人们在即将解除险难的时候，不可忘乎所以，应当秉持本分，坚守正道，以防范可能出现令人遗憾的事情。

九四，解而拇，朋至斯孚。

【今译】

九四，解开大趾的束缚，朋友到来，取得他们的信任。

【导读】

九四爻以阳爻居阴位，失正。九四刚刚从“坎”中解脱出来，进入了上卦“震”，失正就在于他受到了小人的束缚。“拇”位于人体的最下方，地位极其卑微，象征小人。九四只有完全摆脱小人的纠缠才能够进一步远离艰险，那些真正的朋友才会纷至沓来，并获得他们的信任。

六五，君子维有解，吉。有孚于小人。

【今译】

六五，君子得到了解脱，吉利。用诚信感化了小人。

【导读】

六五以阴爻居君位，具有中和、柔顺的性情。君子已经完全从艰险中解脱出来了，这当然是吉利的。此时君子虽然不能亲近小人，但同时也要处理好与小人的关系。对君子来讲，一味压制和惩罚小人恐适得其反，最明智的做法就是用诚信去感化小人，让他们心悦诚服，彻底改邪归正。

上六，公用射隼于高墉之上，获之。无不利。

【今译】

上六，公侯用箭射高墙上的隼，射中了，没有不利的。

【导读】

上六爻以阴爻居全卦的最高位，得正，代表一位德高望重的公侯。此时国家虽然暂时解除了险难，但为官者不能就此懈怠，他务必时刻警惕小人作祟使整个国家再次陷入险难。如能用诚信感化小人是为上策，但并不是所有的小人都能够被感化的。“隼于高墉之上”象征那些身居高位，却心怀叵测而又冥顽不化的小人，对于这样的顽固小人非用武力不能剪除。采取强有力的措施及时排除不利因素，实现国家和社会的长治久安当然无所不利。

损卦第四十一

损卦

损：有孚，元吉，无咎，可贞，利有攸往，曷之用？二簋可用享。

【今译】

损：有诚信，大吉大利，没有灾祸，可以坚守正道，有利于前往。用什么来体现诚意呢？二簋饭食就可以举行祭祀了。

【导读】

损是减损的意思，本卦讲损所当损的道理。从卦象来看，损卦上卦为艮，代表山，下卦为兑，代表泽，山在泽上，泽水无时无刻不在侵蚀损削山体，而山体在泽水侵蚀下倾覆到泽中，湖泽的面积就会减损，因此山和泽呈相互减损之势。损并不是坏事，关键是看损的对象和程度，把一些不利的因素和不必要的成分减损掉，只留下根本和精华，这对事物的发展是有益无害的。卦辞以祭祀为例向人们阐述了减损的道理。商周时期祭祀是一件非常神圣而庄严的事，内心的虔诚比一些虚伪的繁文缛节更加重要，因此在祭祀中减损过分烦琐的礼仪，而保留内心的真诚是很有必要的。只要内心充满了真诚，即使二簋粗淡的食物也足以用来祭祀了，结果当然是大吉大利的，没有灾祸，也足以表明人们坚守正道，这对于人们前往要办的事是极为有利的。

初九，已事遄往，无咎。酌损之。

【今译】

初九，停下事情，迅速前往，没有灾祸。适当地减损。

【导读】

初九爻以阳爻居全卦的最下方，表示减损的开始。初九放下自己的事情而迅速前往帮助别人，表现出一种舍己为人的高尚情怀。阳爻代表强盛，强者适当地减损自己而去增益弱小的对象，这是强者义不容辞的社会责任。但同时也应该注意减损的程度当酌情而定，把握好尺度。如果减损过多，伤及自身根本则是不足取的。

九二，利贞，征凶。弗损，益之。

【今译】

九二，利于坚守正道，出征有凶险。不减损，而增益。

【导读】

九二爻以阳爻居柔位，其实力已不如初九强盛，因此他不宜采用减损自己的方法来增益别人。九二居下卦中位，他应该坚守不偏不倚的中庸之道，不可不顾自身的实际情况盲目地减损自己。如果自身实力不济而贸然前进，不但不能增益别人，反而会使自己成为别人的累赘。

六三，三人行则损一人，一人行则得其友。

【今译】

六三，三人同行，就会减损一人。一人独行，会得到朋友。

【导读】

六三爻以阴爻居阳位，不中不正。爻辞描述了一种普遍存在的社会现象，当三人在一起时，往往因为能力、社会地位或政见的不同而相互排斥，最终有一人将被迫离去，这无疑将有损群体团结，对自己也是一个损失。而与此相反的是，当一个人独处时，则急于寻找一个志同道合的人来相互帮助，这对于彼此都是有益的。爻辞旨在告诫人们要尽量避免损人损己，而应该竭力交友得益。

六四，损其疾，使遄有喜。无咎。

【今译】

六四，减损疾病，迅速痊愈，没有灾祸。

【导读】

六四爻以阴爻居阴位，得正。“疾”本指疾病，可以引申为一切不利因素。当患了疾病，及时迅速地损削之，可获痊愈，如待病入膏肓将无药可救。当一切不利因素刚初见端倪时就采取措施及时损削掉，可以有效地防止灾难产生。

六五，或益之十朋之龟，弗克违。元吉。

【今译】

六五，有人赠予价值十朋之龟，不推辞，大吉大利。

【导读】

六五爻以阴爻居君位，具有中和柔顺的德行。六五本身柔弱，因此他不能减损自己去增益别人。但由于身处君位，他肩负着治理国家的重任，由于六五中和谦卑的德行能够感召天下的贤能之士来辅佐他，从而弥补了自身能力的缺陷。“朋”是古代的货币单位，“龟”是很有灵气的动物，“或益之十朋之龟”比喻有人向六五举荐了一个精明强干的帮手，这对于治理好国家是大有裨益的，因此六五断不能推辞，欣然接受这样的贤能

于己于国都是大吉大利的。

上九，弗损，益之，无咎，贞吉。利有攸往，得臣无家。

【今译】

上九，不减损，增益，没有灾祸。坚守正道，吉利。利于有所前往，得到没有主人的奴仆。

【导读】

上九爻以阳爻居损卦之终，表示已经减损至极点，到了不能再损的地步。增益别人的最高境界并不在于舍己为人，而在并不减损自己却又能够使他人受益，做到两全其美。损并不以减损自己为目的，而是为了增益别人，舍弃自己的部分利益或者根本不用以自身的利益为代价就能够让别人受益，使天下人心归顺。"得臣无家"是指天下之民不分远近内外都前来臣服，收获民心对于统治者来讲其实是最大的利益，固然不会有灾祸。爻辞同时还告诫身居上位者务必坚守正道以获得吉利。

益卦第四十二

益。利有攸往，利涉大川。

益卦

【今译】

益，利于前往做事，利于渡过大江大河。

下经

【导读】

益是增益的意思，本卦讲益所当益的道理。

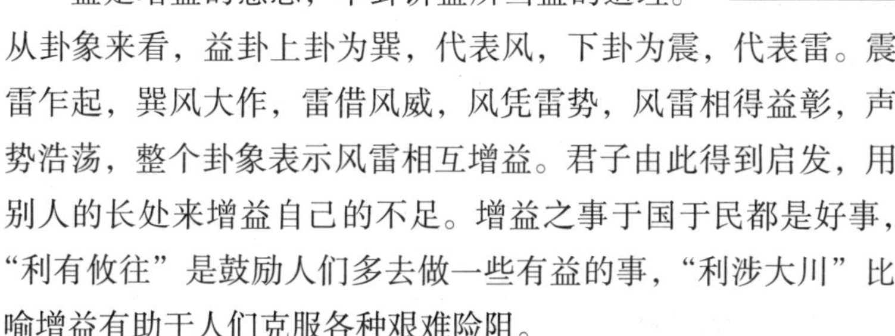

从卦象来看，益卦上卦为巽，代表风，下卦为震，代表雷。震雷乍起，巽风大作，雷借风威，风凭雷势，风雷相得益彰，声势浩荡，整个卦象表示风雷相互增益。君子由此得到启发，用别人的长处来增益自己的不足。增益之事于国于民都是好事，“利有攸往”是鼓励人们多去做一些有益的事，“利涉大川”比喻增益有助于人们克服各种艰难险阻。

初九，利用为大作，元吉，无咎。

【今译】

初九，利于有所大的作为，大吉大利，没有灾祸。

【导读】

初九以阳爻居阳位，得正，但又处于下卦的最下方，地位卑微，恰似一个刚刚出道的年轻人，能力和经验都不足，但是他却受到了别人的增益，被委以重任。初九之所以能够得到别人的增益，是因为他具有正直的品性，是可造之材。处于初九地位的年轻人应当胸怀坦荡，行事谦虚谨慎，虚心接受别人的意见，将来必定大有作为，结果必定是大吉大利的，没有灾祸。

六二，或益之十朋之龟，弗克违，永贞吉。王用享于帝，吉。

【今译】

六二，有人赠予价值十朋的乌龟，别推辞，永远坚守正道吉利。君王在西山祭祀上帝，吉利。

【导读】

六二爻以阴爻居阴位，又处于下卦的中位，具有中正之德。"十朋之龟"指巨大的收益，六二能获得如此丰厚的收益，是因为六二为人中和正直，且柔顺而谦卑，对于这样的人大家都乐意去增益他。增益是双向的，六二没有必要推辞，在受人之益的同时也承担着去增益别人的责任和义务。爻辞同时强调增益必须永远坚守正道才能获得吉利，如果受人之益却忘恩负义，结果自然是凶险的。"王用享于帝"是件极为重大的事情，六二受众人之益能堪此重任，吉利。

六三，益之用凶事，无咎。有孚中行，告公用圭。

【今译】

六三，用所获利益去赈济危机，没有灾祸。内心充满诚信，行中庸之道，用圭璧作为信物向王公报告。

【导读】

六三以阴爻居下卦的最高位，代表一位身居要职的官吏，他上受君王之益，下接百姓之益，虽受益丰厚，但为人却不中不正，极易招致灾祸，为了避免灾祸他应该尽量将所受之益授之于人。"凶事"指各种凶险之事，如各种天灾人祸。当百姓遭受灾难时，他应该慷慨解囊，将所受之益用来增益急需帮助的人们。增益别人应该真诚且坚守中道，益所当益，本不必增益而益之只是虚伪的作秀，并非出自内心的真诚。“圭”是古代传递信息的证物，进一步引申为诚信。为官者只有心怀诚信其所言之事才能获得上级的信任。

六四，中行告公从，利用为依迁国。

【今译】

六四，行中庸之道，向王公禀告，得到应允，以此为依据决定迁国。

【导读】

六四爻以阴爻居阴位，得正。六四居全卦的中间位置，行事坚守中道，因而深得王公信赖，凡六四告之王公的任何事情都能得到应允，甚至包括迁国这样的大事。六四的一切行动都必须是为了益民，益民是迁国的前提和依据。

九五，有孚惠心，勿问，元吉。有孚惠我德。

【今译】

九五，有诚信就能够获得民心，不用占问就知道结果是大吉大利的，真诚地回报我的恩德。

【导读】

九五爻以阳爻居君位，至中至正，至刚至尊。九五代表君王，他时刻心系天下，以真诚的行动让百姓获益，从而民心归顺，受万民拥戴。收获民心是君王最大的收益，不用占问，这无疑是大吉大利的，人民将真诚地回报君王的恩德。

上九，莫益之，或击之，立心勿恒。凶。

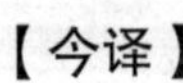

【今译】

上九，没有人来增益，反而有人来攻击他，所立之心不能持之以恒，凶险。

【导读】

上九爻以阳爻居全卦的最高位，性情阳刚，高高在上，一心只求自益且贪得无厌。增益人民贵在恒久，以稳定民心，然而上九不但不增益下层人民，反而时常攻击他们，损削他们的利益。上九对人民无休止的盘剥必将使民心丧失，激起民怨，这对上层统治者来说无疑是最大的凶事。

夬卦第四十三

夬卦

夬：扬于王庭，孚号有厉。告自邑，不利即戎，利有攸往。

【今译】

夬：在朝廷上公开，真诚地宣告有危险。有报告来自各个城邑，不利于用兵，而利于采取别的行动。

【导读】

夬是决断和决裂的意思，本卦讲君子与小人彻底决断的道理。从卦象来看，夬卦上卦为兑，代表泽，下卦为乾，代表天，泽水不断上涨，甚至到了比天还高的位置，满盈的泽水肯定会使堤坝溃决，泽水奔流而出，势不可当，整个卦象比喻君子与小人分道扬镳，其势已不可挽回。与小人决裂首先要公开揭露小人的罪恶，使小人的罪行无处藏身，并以诚挚的态度向人们呼告时刻警惕小人的危险性。与小人作斗争态度要坚决，但同时也要讲究策略。《周易》一向主张慎用武力，与小人斗争不宜立即采用武力，可首先考虑比较中和的方式，既能清除小人势力，又不引起小人激变，以利于顺利开展正义的事业。

初九，壮于前趾，往不胜，为咎。

【今译】

初九，脚趾前端强壮，前往不能取得胜利，反而会造成

灾难。

【导读】

初九爻以阳爻居全卦的最下位，具有阳刚而急于冒进的性情。“趾”位于人体最下方，其形强壮，行走时总是位于最前方，比喻那些初出茅庐、个性刚强而行事鲁莽的人。初九涉世未深，无论是能力还是经验都不足，此时他若贸然与阴险邪恶的小人展开决斗，不但不能取胜，反而会遭小人暗算，从而给自身带来灾祸。初九此时应该积蓄力量，耐心等待时机，断不能轻率行动。

九二，惕号，莫夜有戎，勿恤。

【今译】

九二，惊呼夜间有敌兵来袭，不必担心。

【导读】

九二爻以阳爻居中，既具有阳刚的性情，又不失中和之德。九二在与小人作斗争时既能果断坚决，同时又小心谨慎。他时刻警惕小人的阴险行为，并呼告人们保持戒惧心理。“莫”指黄昏，“夜”指夜晚，“莫夜有戎”比喻小人暗地里发起了偷袭。只要人们随时都能做好充分的准备，当小人偷袭时人们就能够沉着应对，完全没有必要恐慌。

九三，壮于頄，有凶。君子夬夬独行，遇雨若濡，有愠，无咎。

【今译】

九三，面颊很强壮，有凶险。君子果断地单独前往，遇雨淋湿了衣服，有些气恼，但没有灾祸。

【导读】

九三爻以阳爻居下卦乾的最高位，阳刚十足，同时也有冲动和鲁莽的性格。“頄”指的是面颊，“壮于頄”比喻君子将与小人决断的想法完全表现在了脸上，被小人察觉，结果反遭到小人暗算。“夬夬独行”比喻君子与小人的决断的意志十分坚决，决定以己之力单独与小人决斗，“遇雨若濡”比喻君子势单力薄遭到挫折，他感到有些懊恼。如果他放弃冲动鲁莽的行为，其结果最终无咎，如果继续一意孤行，结果是十分凶险的。爻辞在于告诫人们与小人作斗争，不可打草惊蛇，宜从长计议，应团结众人的力量而不能单打独斗。

九四，臀无肤，其行次且。牵羊悔亡，闻言不信。

【今译】

九四，臀部没有肌肉，行走不稳。牵羊，悔恨消失，听了这话却不相信。

【导读】

九四爻以阳爻居阴位，不中不正。与小人决断需自身行为端正，刚正不阿。“臀无肤，其行次且”比喻九四本身已失正，行为不端。“牵羊”时人们不能走在羊的前面强行拉扯，只能跟在羊后面驱赶，爻辞以此告诫那些自身行为不端的人在与小人决断时是不能起带头号令作用的，只能跟在别人后面，方可免除悔恨。然而令人遗憾的是，这种人往往刚愎自用，不听劝解，结果终将悔恨不已。

九五，苋陆夬夬。中行，无咎。

【今译】

九五，像铲除苋陆草那样果敢坚决。行为中正，没有灾祸。

【导读】

九五爻以阳爻居君位，至中至正，至刚至尊。“苋陆”又名马齿苋，是一种生命力极强的植物，非连根拔起不能根除。“苋陆夬夬”象征君子在与小人决断时必须坚决果断，像清除苋陆草那样斩草除根，毫无保留。与小人斗争不仅需要态度坚决，同时也要讲究策略。爻辞主张采用比较中和的方式，既能根除小人势力，又防止其狗急跳墙，这样做就不会有灾祸。

上六，无号，终有凶。

【今译】

上六，无须痛哭号叫，最终有凶险。

【导读】

上六居全卦最高位，比喻君子与小人的决断已经到了最后阶段。小人的邪恶势力即将终结，他们会发出最后的号叫，但这些都是没有用的，正义终将战胜邪恶，小人最终的结果是凶险的。

姤卦第四十四

姤卦

姤：女壮，勿用取女。

【今译】

姤：女子过于强盛，不要娶这样的女子。

【导读】

姤是不期而遇的意思，本卦讲阴阳相遇，君子以阳制阴，防范小人势力的原则和道理。从卦象来看，姤卦上卦为乾，代表天，下卦为巽，代表风，风行天下吹遍天地间各个角落，接触万物，因此有相遇的意思。从卦画来看，姤卦唯一的阴爻位于全卦的最下方，诸阳爻位列其上，象征阳刚的君子牢固地压制了阴邪的小人势力。姤卦以一阴敌五阳，其势微弱，但其生长势头却极为强盛，象征一个强壮的女人。古人有根深蒂固的重男轻女和男尊女卑思想，凡女壮男必弱，因此告之以“女壮，勿用取女”。“女”属于阴性，又可引申为小人，“勿用取女”也在于警示君子不可与小人同流合污。

初六，系于金柅，贞吉。有攸往，见凶。羸豕孚蹢躅。

【今译】

初六，系上金属车闸，坚守正道，吉利。任其发展，遇见凶险，瘦猪躁动不安。

【导读】

初六爻以阴爻居全卦的最下方，是全卦唯一的阴爻，代表

阴邪的小人势力。此时小人势力刚刚出现，就像一头瘦弱的猪仔，其实力微弱，但内心躁动不安，此时如不及时加以遏制，任其生长，待其发展壮大就难以控制，势必酿成凶险之事。“柅”是车闸，“系于金柅”比喻君子采取强有力的措施制止小人势力的发展，将其扼杀在萌芽状态。与小人作斗争须自身品行端正，故爻辞告诫人们要坚守正道才能获得吉利。

九二，包有鱼，无咎，不利宾。

【今译】

九二，把鱼包裹起来，没有灾祸，被动不利。

【导读】

九二爻以阳爻居下卦中位，既具有阳刚之气，又不失中和之德。“鱼”是阴性之物，代表小人和邪恶势力，“包有鱼”就是将小人和邪恶势力牢牢地控制住，不能任其四处蔓延，这样做是没有灾祸的。与小人作斗争，宜占据主动。若处于被动的地位是很不利的，不但不能遏制小人，反而会遭小人暗害。

九三，臀无肤，其行次且。厉，无大咎。

【今译】

九三，臀部没有肌肉，步行不稳。危险，没有大的灾难。

【导读】

九三爻以阳爻居下卦的最高位，阳刚而得正，但性情急躁，有冲动冒进之嫌。在与小人的斗争中九三急于求成，与小人交锋异常激烈，进展艰难，恰如一个臀部没有肌肉的人行走不稳，举步维艰，终使自己陷入危险的境地。九三如能及时悔悟，停止激进冲动的行为，调整与小人斗争的策略，就不会有太大的灾祸。

九四，包无鱼，起凶。

【今译】

九四，没有把鱼包裹起来，发生凶险。

【导读】

九四爻以阳爻居阴位，不中不正。与小人及邪恶势力斗争必须自身品行端正，九四既失正就不足以担当制服小人的重任。“包无鱼”比喻九四不能控制住小人，致使其任意发展壮大，最终酿成凶险之事。爻辞从反面再次强调在与小人的斗争中坚守正道的重要性。

九五，以杞包瓜，含章，有陨自天。

【今译】

九五，倚杞柳生长的瓜成熟了，从天上掉下来。

【导读】

九五爻以阳爻居君位，至中至正，至刚至尊。九五爻字面上只谈到了农作物生长的自然规律，瓜缠绕在杞柳树上生长，瓜熟蒂落从树上掉了下来，爻辞以此为喻告诉人们君子战胜小人要遵循一定的规律，君子要有坚定的信念，但也不可操之过急，待时机成熟，君子与小人的斗争就会像瓜熟蒂落般取得胜利。

上九，姤其角，吝，无咎。

【今译】

上九，遇到兽角，有麻烦，没有灾祸。

【导读】

上九以阳爻居全卦的最高位，犹如到了兽角顶上。上九距离全卦唯一的阴爻初六最远，与阴不能相遇，同时他身处全卦

终点，已经无路可走，他空有制阴之志和才能却无处施展，所以处境十分艰难。但阴阳消长是一个永不停歇的过程，阴阳相遇是不可避免的客观规律，君子和小人的斗争在一个阶段暂告结束，但又将在更高层次上展开新的斗争，因此君子此时须不断积蓄自己的才能，耐心等待时机，在与小人的下一轮斗争中就不会有灾祸。

萃卦第四十五

萃卦

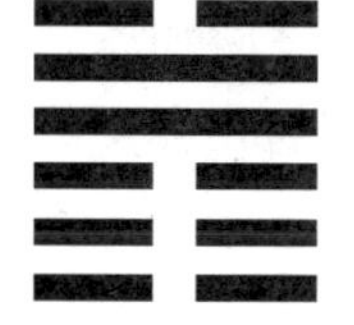

萃：亨。王假有庙，利见大人，亨，利贞。用大牲吉，利有攸往。

【今译】

萃：亨通。君王来到宗庙，利于大人出现，亨通，利于坚守正道。用大的祭品吉，利于采取行动。

【导读】

萃是聚集的意思，本卦讲聚众的道理。从卦象来看，萃卦上卦为兑，代表泽，下卦为坤，代表地，地上四面八方之水汇聚在一起就形成了泽，因此萃卦象征着聚集。古人最盛大的聚集活动莫过于到宗庙祭祀，古代凡遇行军打仗、改国迁都等重大活动必先到宗庙祭祀，以祈求神灵和祖先的庇护，并以此聚集人心。君王亲自到宗庙祭祀体现了此次祭祀活动规格之高，一定涉及非常重大的行动，所以需要使用大牲口来当祭品才足以表达诚意。把民众聚集起来还必须有一个德高望重的人来号令，所以此时利于那些有大德大才的人出现。只有将民众都团结起来，万众一心，事业才能亨通。聚集民众是为了正义的事业，所以必须坚守正道，以利于顺利地开展行动。

初六，有孚不终，乃乱乃萃。若号，一握为笑。勿恤，往无咎。

【今译】

初六，有诚信但不能坚持，混乱的事聚集在一起。如有号令，握手言笑。不用担心，前往没有灾祸。

【导读】

初六爻居全卦之始，表示在聚众之初。聚众从一开始就要讲诚信，对民众应该坦诚相待，并且始终如一。没有诚信就失去了聚众的基础，各种混乱的事情就会汇集在一起。混乱之时如有人出来号令大家以诚相待，人们就能再次聚合在一起相互交流，握手言笑。用真诚将大家聚合在一起，形成一个坚不可摧的联盟就没有什么可担心的，大胆行动，必然没有灾祸。

六二，引吉，无咎。孚，乃利用禴。

【今译】

六二，受人引荐吉利，没有灾祸。有诚信，利于举行简单的祭祀。

【导读】

六二爻以阴爻居下卦中位，得正而具有中和之德。六二性情柔顺而内敛，他并不善于主动与人聚合，此时如有人引荐则是一件极为吉利的事情。六二为人正直，待人谦卑，跟这种人聚合在一起断然是没有灾祸的。“禴”指简单的祭祀活动。聚众恰似在宗庙祭祀一样，贵在有诚信，只要心怀诚意，即使用微薄的祭品举行简单的祭祀也就足够了，聚众时大家心怀诚信就无需太多的繁文缛节。

六三，萃如，嗟如。无攸利，往无咎，小吝。

【今译】

六三，聚集啊，叹息啊。没有好处，离开就没有灾祸，会小有麻烦。

【导读】

六三爻以阴爻居下卦的最高位，不中不正，俨然一副小人形象。小人聚集在一起并不是为了正义的事业，而是为了各自的利益相互勾结在一起，他们往往会因为分账不均而发出哀叹，因此跟小人聚集在一起是没有任何好处的。君子跟小人聚集在一起如不同流合污，自然会遭到小人排挤，甚至引来灾祸，因此君子必须远离小人团伙。虽然君子仍然会受到小人的纠缠而出现一些小麻烦，但不会有灾祸。

九四，大吉，无咎。

【今译】

九四，大吉大利，没有灾祸。

【导读】

九四以阳爻居阴位，失正。九四是除九五以外唯一的阳爻，又近在君位之旁，恰似辅佐君王的得力助手，下卦三阴爻均向他聚合，这本是大吉大利的事。然而只有自身行为端正，别人才能心悦诚服地前来聚合，九四既失正道，众人终将离他而去，故爻辞仅判之以“无咎”而已，爻辞以此强调了聚众时坚守正道的重要性。

九五，萃有位，无咎。匪孚，元永贞，悔亡。

【今译】

九五，聚集在尊贵的位置，没有灾祸。不能取得别人的信任，从根本上永远坚守正道，悔恨消失。

【导读】

九五爻以阳爻居君位，至中至正，至刚至尊。将民众聚合起来，号令者不仅需要位高权重，更需要德高望重。九五身居君位，凭借其无人能比的地位足以将民众聚合起来，然而这只能做到没有灾祸而已，民众并非心悦诚服。要将民心也聚合起来就必须依靠自己高尚的道德修养，以实际行动去惠及于民，从根本上永远坚守正道以聚集民心。对君王而言，得到民心之后悔恨自然就会消亡。

上六，赍咨涕洟，无咎。

【今译】

上六，发出叹息，痛哭流涕，没有灾祸。

【导读】

上六爻以阴爻居全卦的最高位，得正。天下无不散之宴席，有聚合就有离散，上六已到了聚合的最高位，喻示着离散即将来临。离散自然是让人伤感的，甚至让人痛哭流涕，但离散并非永别，上六自身品行端正，人们与之分别只是暂时的，人们将在更高层次和更大范围内再次聚集在一起。

升卦第四十六

升卦

升：元亨，用见大人。勿恤，南征吉。

【今译】

升：极为亨通，以此晋见大人物，不用担心，向南征讨吉利。

【导读】

升是晋升、升进的意思，本卦讲升和进的道理。从卦象来看，升卦上卦为坤，代表地，下卦为巽，代表木，木在地下必然生根发芽而渐次增高，象征事业日益增进，地位步步高升。树木深深地扎根在土壤中，比喻只有奠定了良好的基础，晋升的道路才极为亨通。欲求晋升，需满足一定的条件。首先自己必须具备一定的才和德，才德是晋升的基础；其次是有人提携，“用见大人”就是要将自己的才德充分展示给身居上位的大人物，得到他们的认可继而被委以重任；最后要选择合适的晋升方向。八卦中南方为坤卦，坤代表平夷之地，又引申为顺，故卦辞曰“南征吉”，比喻在晋升中选择一个顺利通畅的方向。

初六，允升，大吉。

【今译】

初六，宜于晋升，大吉大利。

【导读】

初六爻居全卦的最下方，是整个升卦的基础，如果将整个

下卦巽视为树木，那么初六就是整棵树的根系，只有根系牢固整棵树木才能茁壮成长。于人事而言，只有夯实了基础事业才宜于增进，地位才宜于晋升。若没有坚实的基础，事业和地位都会成为无根之木和空中楼阁，因此不断培养道德和能力基础对个人的升进无疑是大吉大利的。

九二，孚乃利用禴，无咎。

【今译】

九二，有诚信就可以举行简单的祭祀，没有灾祸。

【导读】

九二爻以阳爻居下卦中位，既不失阳刚的气质，又中和而谦卑。在上位者提拔人才最看重的是才干和道德修养，因此欲求得升迁，才和德缺一不可，然而二者相比较，德比才更为重要。在个人的道德修养中内心诚实守信是最重要的因素，就如同祭祀一样，只要内心充满诚敬，简单的祭祀活动也足以免除灾祸。相反，如果那些只会做表面文章，而心术不正、欺上瞒下的人得到升迁，于国于民都将是灾难。

九三，升虚邑。

【今译】

九三，上升到无人的城邑。

【导读】

九三以阳爻居下卦最高位，阳刚气盛，行事果敢刚毅，他凭借超凡的能力顺利得到升迁，一路畅通无阻，如入无人之境。在常人看来，顺利升迁无疑是大吉大利的事，但九三爻却无判断吉凶之词，这说明《周易》对升迁之事是持保留态度的。位高权重者固然能充分发挥个人的才能为民造福，受万人景仰，一时风光无限，但同时也有高处不胜寒的凄凉以及无法抗拒的种种诱惑，稍不留神就将身败名裂。

六四，王用亨于岐山。吉，无咎。

【今译】

六四，君王在岐山举行祭祀，吉利，没有灾祸。

【导读】

六四爻以阴爻居阴位，得正。“岐山”是周人发展壮大之地，“王用亨于岐山”指周朝君王回到岐山祭祀祖先，这是一件极为严肃而盛大的国事。六四品行端正，为人谦和，深得君王信赖，因此被委以操办“王用亨于岐山”之事，顺利完成如此重任无疑是一个绝佳的晋升机会，这当然是吉利的，没有灾祸。

六五，贞吉，升阶。

【今译】

六五，坚守正道吉利，沿着台阶高升。

【导读】

六五爻以阴爻居尊位，行事中和，又不失君王之威严。晋升如同拾阶而上，缓慢而又艰难。六五之所以能升到至尊的高位并非平步青云，而是通过辛勤拼搏，凭借自己的才能和道德修养，脚踏实地沿着台阶一步步缓慢上升而来的。对于这种稳健的晋升《周易》是极为推崇的，故判之以“吉”，但同时也告诫身居高位者务必坚守正道，如有失正道，不仅晋升无望，反而会引起祸端。

上六，冥升，利于不息之贞。

【今译】

上六，在昏昧中晋升，利于不停地坚守正道。

【导读】

上六以阴爻居全卦的最高位，表示已经晋升到了尽头，无位再升了。上六本来能力不足，却只知进，不知退，其地位已经超过了其能力可以担当的范围，使自己处于一种昏昧的状态，这是极为凶险的。爻辞再次强调在晋升时务必坚守正道，一刻也不能停歇，身正是得以晋升的前提，万不可违之。

困卦第四十七

困卦

困：亨，贞大人吉，无咎。有言不信。

【今译】

困：亨通，有大才大德的人吉利，没有灾祸。说话没有人相信。

下经

【导读】

困是困难的意思，本卦讲解如何处理困境的道理。从卦象来看，困卦上卦为兑，代表泽，下卦为坎，代表陷穴，恰如湖泊底部出现一个大漏斗，泽水通过这个漏斗逐渐流失以至干涸，由此比喻遭受穷困。内卦坎本身也可引申为困境，外卦兑可引申为喜悦，因此困卦还可以理解为先遭遇困境，后摆脱困境而获得喜悦。人生不可能总是一帆风顺，陷入困境是常有之事，困卦旨在教人如何走出困境。遭遇困境当保持乐观豁达的精神，充分施展自己的才德积极应对。走出困境应坚守正道，而不能走歪门邪道，这一点只有那些具备大德大才的君子才能做到，他们虽暂时身处困境，但最终结果是吉利的，没有灾祸。当人们处于困境时一味抱怨或向人哭诉是没有人相信的，此时不妨保持沉默，去静心思考摆脱困局的方法，并付诸行动。

初六，臀困于株木，入于幽谷，三岁不觌。

【今译】

初六，坐在枯木桩上，进入幽深的山谷，多年不能露面。

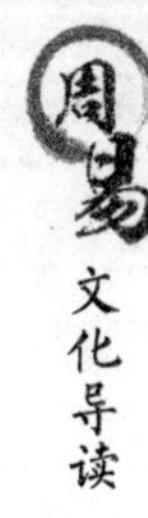

【导读】

初六爻位于全卦的最下方，表示事情从一开始便陷入困顿之中。“株木”是树木砍伐后剩下的树桩，表面凸凹不平，人坐在上面苦不堪言，爻辞以此比喻处境令人十分痛苦。“三年”并不是具体的时间，而是一个模糊的时间段，表示时间很长。初六陷入幽暗深邃的山谷，很多年不能与外面的人相见，爻辞生动形象地描写了初六正处于一个极端艰难的环境。

九二，困于酒食，朱绂方来。利用享祀，征凶，无咎。

【今译】

九二，困于酒食之中，官职即将到来。利于举行祭祀，出征有凶险，没有灾祸。

【导读】

九二爻以阳爻居阴位，处境极为不利，但却能扼守中道。“困于酒食”指九二空有高远的志向，但处于不利环境而不能充分施展才能，因而迫不得已通过酒食来消除壮志未酬的苦闷，并静静地等待时机。“朱绂”指红色的官服，借代官位。九二才德兼具，行事秉持中庸之道，因此最终能得到施展才华的官职。此时他举行祭祀活动以感谢神灵和先祖的庇护，但毕竟刚刚获得官职，且环境艰难，因而是不宜急于出征的，否则必然发生凶险的事情。他应该继续坚守中庸之道，方可免除灾祸。

六三，困于石，据于蒺藜。入于其宫，不见其妻，凶。

【今译】

六三，困于石下，处于蒺藜之中。进入屋内，妻子不见了，凶险。

【导读】

六三爻以阴爻居下卦的最高位，不中不正，恰似一副小人形象。如自身品行不端是极容易陷入困境的，六三就是一个典型的例子。他被压在巨石之下，困在蒺藜丛中，完全动弹不得，其处境之艰难由此可见一斑。更有甚者，当他回到家中却发现妻子已离他而去，结果落得个众叛亲离的可悲下场。爻辞以一个反面的例证警示人们务必坚守正道，如心术不正势必陷入困境而难以自拔。

九四，来徐徐，困于金车。吝，有终。

【今译】

九四，迟缓地前来，被困阻在金属囚车中。遇到麻烦，但最终会有好的结局。

【导读】

九四爻以阳爻居阴位，所处地位不当。"金车"是押解重刑囚犯的囚车，九四被囚禁在金属囚车中，囚车缓缓地行驶在路上。由此看来，九四摆脱困境似乎遥遥无期，这对于九四是极为羞辱之事，但是他并没有丧失阳刚之志，而是充满了走出困局的信念，因此最终结果是好的。

九五，劓刖，困于赤绂，乃徐有说，利用祭祀。

【今译】

九五，割鼻，断足，受困于官职，缓缓地得到解脱，利于举行祭祀。

【导读】

九五爻以阳爻居君位，至中至正，至刚至尊。"赤绂"是红色的官服，借代官职。"劓刖"是割鼻、断足的酷刑。九五作为

一国之君，是所有官位中最高者，他若采用各种酷刑来治理天下，并试图摆脱困境，结果必将激起人民的反抗，势必使自己愈加受困。相反，他如能坚守中道、体恤民情则能慢慢地走出困境。

上六，困于葛藟，于臲卼。曰动悔，有悔，征吉。

【今译】

上六，困于葛藟之中，困于摇摇欲坠的境地。想一想，动则悔恨，如能悔悟，行动就吉利。

【导读】

上六以阴爻居全卦的最高位，表示已经到了最为困难的时候。“葛藟”是一种藤蔓植物，“臲卼”指动摇不安的样子。上六被葛藟紧紧缠绕住，处于一种摇摇欲坠的境地，可见其处境极其艰难。上六屡屡采取行动摆脱困境，但均遭失败而又悔恨不已。所幸的是上六并没有气馁，他不断悔悟失败的教训，总结出摆脱困局的方法，最后果断采取行动终于获得成功。

井卦第四十八

井卦

井：改邑不改井，无丧无得。往来井井，汔至，亦未繘井，羸其瓶。凶。

【今译】

井：城邑改变了而井没有改变，没有损失也没有收获，来来往往从井中汲水。将至井边，还未放绳汲水，却摔坏了水罐，凶险。

【导读】

井指的是水井，本卦讲君王养民之道。从卦象来看，井卦上卦为坎，代表水，下卦为巽，代表木，木在水下。远古时期人们将木桩钉在水下支撑井壁，以防止水井坍塌，井卦卦象恰似一口水井。从井卦的象征意义来看，水沿着树木上升直达树冠，滋养树木茁壮成长，而井水也源源不断地被人们汲取，养育着一方人民。君王由此得到启发，不断为民谋福，养育万民。“邑”是一种基层行政单位建制，同时也是君王分封给贵族的领地，往往会随着分封的变动而改变，但城邑中养育人民的水井是不变的。人们来来往往不断汲取井水，而井水始终保持恒定不变，并不因人民的汲取而减少，也不因人们不用而增多。井的特征象征君王养育人民具有恒久的性质，不可半途而废，君王养育了人民并不会减少自己的福祉，而君王不与民谋福也不会因此增加自己的财富。“汔”是几乎的意思，“繘井”是放绳

从井中汲水。取水的人几乎已经到了井边，而还没来得及放下绳索从井中取水，却摔坏了取水用的瓦罐，比喻人民在极为迫切需要的时候却不能从君王那里得到福祉，君王将由此失去民心，这对于君王是极为凶险的。

初六，井泥不食，旧井无禽。

【今译】

初六，井中填满了淤泥，不能食用。废旧的井，禽兽也不来了。

【导读】

初六位于全卦最下方，好比井的底部，井底是淤泥沉积的地方，如果水井长期得不到淘洗，淤泥如阻塞出水口，水井终将干枯而不得不被人们废弃，甚至连鸟兽都不会来光顾。于人事而言，君王欲养民必先自养，即不断加强自我道德修养，及时清洗内心污秽的思想和陈腐的观念，以自己高尚的德行养民。一个内心腐朽的君王不但不能养民，而且最终会被民抛弃。

九二，井谷射鲋，瓮敝漏。

【今译】

九二，井水喷射到井底的蛤蟆，水罐破漏了。

【导读】

九二爻以阳爻居下卦中位，得中而不得正。水井最大的功用莫过于供人食用，而此时用来汲水的瓦罐出现了破漏，汲取上来的井水从瓦罐中渗漏出来喷射到井底的蛤蟆身上，这说明井虽然有出水却不能用来养人，因而不能充分发挥井应有的作用。爻辞暗喻君王没有充分履行自己的职责，他虽然具有高尚的德行却也只是独善其身，并没有用自己的德行来教化人民。君王虽坐拥充足的财富但却不能用来养民，仅供自己享用，显然爻辞对君王不能养民是持否定态度的。

九三，井渫不食，为我心恻。可用汲。王明，并受其福。

【今译】

九三，井水污秽不能食用，使我伤心。可以汲水了，君王贤明，大家蒙受福祉。

【导读】

九三爻以阳爻居下卦的最高位。井真正的价值就在于供人汲水以养人，而此时井水污秽不能供人食用，这是非常令人痛心的事。一个贤明的君王不仅要有高尚的德行，更应该充分发挥自己的才能去养育万民，将国家财富分享于民，真正做到与民同乐，让天下的黎民百姓都能享受到自己的福泽。

六四，井甃。无咎。

【今译】

六四，修砌水井，没有灾祸。

【导读】

六四爻以阴爻居阴位，得正。水井需要定时维修加固才能保证长期正常使用，“井甃”就是将水井修砌好，这当然是没有灾祸的。于人事而言，养民不是一朝一夕之事，是君王一生为之奋斗的事业，养民要求君王不断巩固和增进自己的才德，不然养民之道将难以为继。

九五，井洌，寒泉食。

【今译】

九五，井水清澈，凉爽的泉水可供食用。

【导读】

九五爻以阳爻居君位，至中至正，至刚至尊。井水甘甜清爽，且能供人食用，水井的功用得到了尽善尽美的体现，比喻君王实现了养民的理想。养民绝非易事，君王必须坚守中正之道，只有保持高尚的德行方足以教化万民，只有具备了足够的能力才能为天下人提供充足的衣食。

上六，井收勿幕。有孚，元吉。

【今译】

上六，井口修好，不要加盖。有诚信，极为吉利。

【导读】

上六以阴爻居全卦的最高位，恰似没有加盖的井口。将水井修好却不加盖，目的是让所有人自由地从水井中汲水，以最大限度地发挥水井的功用。贤明的君王将敞开自己的心扉，以真诚的态度去养育天下黎民，毫无保留地将自己的财富分享于民，并由此而获得民心，这当然是大吉大利的。

革卦第四十九

革：已日乃孚。元亨，利贞，悔亡。

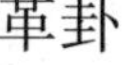

革卦

【今译】

革：在可以革命之日就能取信于民。极为亨通，利于坚守正道，悔恨消失。

【导读】

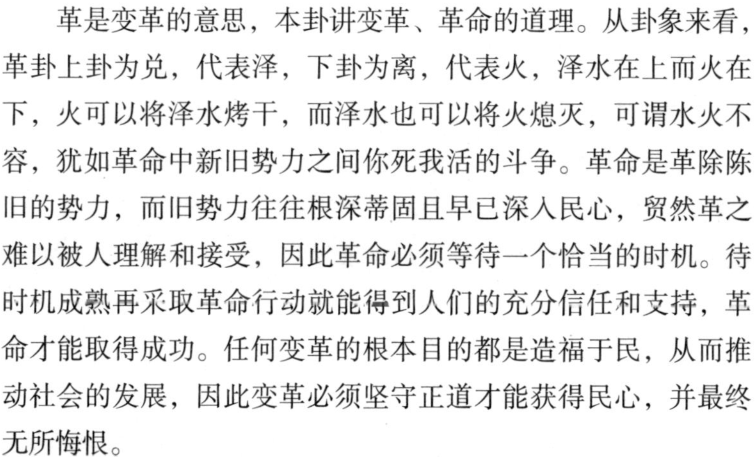

革是变革的意思，本卦讲变革、革命的道理。从卦象来看，革卦上卦为兑，代表泽，下卦为离，代表火，泽水在上而火在下，火可以将泽水烤干，而泽水也可以将火熄灭，可谓水火不容，犹如革命中新旧势力之间你死我活的斗争。革命是革除陈旧的势力，而旧势力往往根深蒂固且早已深入民心，贸然革之难以被人理解和接受，因此革命必须等待一个恰当的时机。待时机成熟再采取革命行动就能得到人们的充分信任和支持，革命才能取得成功。任何变革的根本目的都是造福于民，从而推动社会的发展，因此变革必须坚守正道才能获得民心，并最终无所悔恨。

初九，巩用黄牛之革。

【今译】

初九，用黄牛皮包裹起来。

【导读】

初九爻以阳爻居全卦最下方，喻示处于革命的最初阶段。

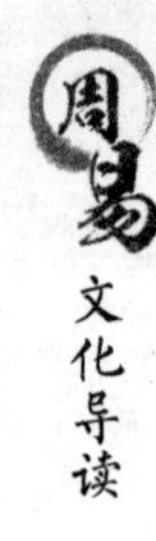

革命不仅需要等待恰当的时机，更要讲究革命斗争的方法和策略。在革命的最初阶段，革命的力量极为薄弱，此时不宜采用急风暴雨式的斗争形式。“牛”是一种温和驯化的动物，而“黄色”是土地的颜色，土位于五行的中央，“黄牛”比喻在革命初期应该采用中和渐进的方式，不可急功近利地发起重大行动。“巩黄牛之革”就是用异常坚韧的黄牛皮把自己包裹起来，比喻此时最主要的是不断积蓄革命力量，巩固革命势力，建设好革命根据地，防止外部势力对革命力量的破坏。

六二，已日乃革之，征吉，无咎。

【今译】

六二，在可以革命之日采取革命行动，出征吉利，没有灾祸。

【导读】

六二爻以阴爻居下卦中位，具有中正之德。革命必须符合事物发展的客观规律，因此时机对于革命的成败至关重要，时机不成熟则不可轻举妄动，当时机到来亦不可优柔寡断。把握恰当的革命时机要求革命者具有高超的智慧和敏锐的社会洞察力。“已日”表明革命时机已经成熟，革命者当机立断，大胆地采取革命行动，这是吉利的，没有灾祸。

九三，征凶，贞厉。革言三就，有孚。

【今译】

九三，出征凶险，坚守正道以防范危厉。多次发表革命言论，获得信任。

【导读】

九三爻以阳爻居下卦最高位，得正，但阳刚过盛，有冒进之嫌。革命是关乎国家命运的大事，因此革命的每一个步骤都应当慎之又慎，任何草率的行为都会带来凶险。革命需要建立广泛的群众基础，由于社会弊病积重难返，人们一时难以理解和接受新生的革命事物，因此革命者需要不厌其烦地发表革命言论，耐心细致地教育和引导人民接受革命思想，以取得广大人民群众的信任和支持。

九四，悔亡，有孚，改命吉。

【今译】

九四，悔恨消失，有信心革除旧命，吉利。

【导读】

九四爻以阳爻居阴位，位不当，表明九四处境艰难。革命的道路无坦途，而是充满了各种艰难险阻。革命时常会遭遇挫折而陷入低潮，革命者不能因此丧失信心，而应当树立坚强的意志，以坚韧的毅力将革命进行到底，革命的结果必然是吉利的，也就无所悔恨。

九五，大人虎变，未占有孚。

【今译】

九五，大德大才之人如猛虎般变革，无须占问就能获得人民的信任。

【导读】

九五爻以阳爻居君位，至刚至阳，至中至正。九五身为一国之君，他大刀阔斧地推行革命措施，以猛虎下山的气势来革除各种陈规陋习，其势不可阻挡。九五不仅具有无人可比的地位，更具有敢于革命的魄力和中正不阿的道德品质，在革命进程中他能够以身作则，公正无私，他领导的革命无须占问就能

获得人民的信任。

上六，君子豹变，小人革面。征凶，居贞吉。

【今译】

上六，君子如豹子般变革，小人也改变了面貌。出征凶险，安居坚守正道吉利。

【导读】

上六居全卦的最高位，表示革命的结果。“豹子”机警而敏捷，“君子豹变”比喻君子及时顺应了革命潮流，为革命推波助澜；而小人也改变了原来的面貌，加入了革命行列，这说明革命已经深入人心。革命一旦取得成功，当竭力捍卫革命成果，维持社会稳定，而不是继续革命，毫无休止的革命将使人们无所适从，并进而陷入凶险，此时宜使人们休养生息，安居乐业。

鼎卦第五十

鼎卦

鼎：元吉，亨。

【今译】

鼎：至为吉利，亨通。

【导读】

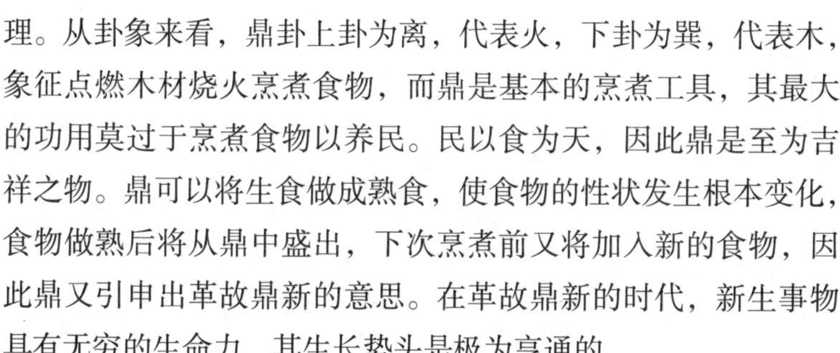

鼎是古代的烹饪工具，本卦讲革故鼎新的道理。从卦象来看，鼎卦上卦为离，代表火，下卦为巽，代表木，象征点燃木材烧火烹煮食物，而鼎是基本的烹煮工具，其最大的功用莫过于烹煮食物以养民。民以食为天，因此鼎是至为吉祥之物。鼎可以将生食做成熟食，使食物的性状发生根本变化，食物做熟后将从鼎中盛出，下次烹煮前又将加入新的食物，因此鼎又引申出革故鼎新的意思。在革故鼎新的时代，新生事物具有无穷的生命力，其生长势头是极为亨通的。

初六，鼎颠趾，利出否。得妾以其子，无咎。

【今译】

初六，把鼎倒过来，利于去掉污秽。娶妾生子，没有灾祸。

【导读】

初六位于全卦的最下方，恰似鼎之足。鼎三足而立，显得端庄而稳固，但抬起一只足就可以将鼎中之物倾倒出来。在鼎新之始必先革故，就如同在烹煮食物之前必先清除鼎中残留的污秽一样，从而为新生事物的发展创造条件。革故的目的是鼎

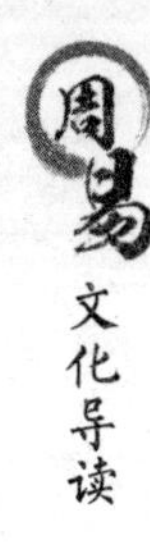

新，“得妾”即是纳新，娶妾生子更是给家庭带来了新的希望，因此不会有灾祸。

九二，鼎有实，我仇有疾，不我能即。吉。

【今译】

九二，鼎中有食物，我的仇敌患了重病，不能接近我，吉利。

【导读】

九二爻以阳爻居下卦中位，象征鼎的腹部。《周易》以阳为实，故曰“鼎有实”，比喻鼎内充满了美食。而此时跟我有仇的敌人因身患疾病不能前来争抢我的食物，这当然是吉利的。于寓意层面来看，社会新生事物充满了勃勃生机，而社会守旧势力却相对薄弱，对新生事物不构成威胁，这对于新事物的成长无疑是吉利的。

九三，鼎耳革，其行塞，雉膏不食。方雨亏悔，终吉。

【今译】

九三，鼎耳坏了，移动困难。鼎中的美味佳肴不能食用。下雨了，悔恨减少，最终结果是吉利的。

【导读】

九三爻以阳爻居下卦最高位，得正，但却阳刚过盛，行事难免过激冲动。用鼎烹煮食物达到一定火候应及时将鼎从火上移开，不然食物就会失去美味。由于九三过于心切，不小心把鼎耳弄坏了，以致不能及时把鼎移开，眼看鼎中的美味佳肴就要烧焦而不能食用，九三悔恨不已。好在突然下雨把火浇灭了，九三才减少了些许悔恨。这说明鼎新是一个循序渐进的过程，不可能一蹴而就。新生事物有其自我发展的规律，若急于求成而强行推行不合时宜的新举措，无异于拔苗助长，这对新事物的生长是无益的。如能及时悔悟，改变急躁冒进的行为，最终结果还是吉利的。

九四，鼎折足，覆公餗，其形渥，凶。

【今译】

九四，鼎足折断了，王公的美食倒了出来，湿漉漉，黏糊糊的样子，凶险。

【导读】

九四爻以阳爻居阴位，失正。鼎之所以能盛满食物而屹立不倒，全在三只鼎足平稳的支撑作用，而此时鼎足已经折断，鼎中的食物自然就会倾泻而出，弄得满地狼藉。于人而言，人之所以能够顶天立地，全在于人具有端正的品性，失去良好的品性就失去了赖以生存的根基，纵然有万千佳名美誉或金玉良田，也终将身败名裂而落得个难堪可悲的结果。鼎新亦无不如此，新生事物必须坚守正道，以符合社会和人民的利益为根本，不然美好的愿景和希望就只能是不切实际的幻想，甚至会招致凶险。

六五，鼎黄耳，金铉，利贞。

【今译】

六五，鼎有黄色的耳和金属的铉，利于坚守正道。

【导读】

六五爻以阴爻居君位，具有中和谦卑的性格。黄色是土地的颜色，土位于五行中央，因此黄色被视为中色，象征中庸之道。金是金属，质地坚硬。鼎耳是黄色的，而鼎铉却是坚硬的金属制成的，爻辞以鼎的形态来比喻鼎新的各项措施不偏不倚，

公正不阿，然而鼎新的态度却是十分坚定的，同时爻辞也再次告诫人们鼎新务必坚守正道。

上九，鼎玉铉，大吉，无不利。

【今译】

上九，鼎有玉铉，大为吉利，无所不利。

【导读】

上九以阳爻居全卦的最高位，既有阳刚的气质，又不失柔和的性情。铉是挂在鼎耳上的装饰物，而玉铉具有刚柔相济、温滑圆润的特性，比喻鼎新取得了良好的社会效果，使整个社会达到了一种和谐完美的状态，这当然是大吉大利的，并且无所不利。

震卦第五十一

震卦

震：亨，震来虩虩，笑言哑哑。震惊百里，不丧匕鬯。

【今译】

震：亨通，震雷来了，先惊恐不定，继而笑言自若。雷声响惊百里，勺子中的酒没有洒出来。

【导读】

震是震雷的意思，震雷比喻突如其来让人惊恐的事情，本卦讲如何应对恐惧的道理。从卦象来看，震卦上下均为震，震代表雷，有雷霆万钧势不可当之意，因此能够亨通畅达。震雷乍起确实让人感到惊恐，但人们应该及时镇静下来，以坦然的态度言笑以对。虽然震雷响彻百里，但主持祭祀的人却泰然自若，稳稳地握着盛酒的勺子，酒 滴也没有洒落到地上。震卦教人在遭到突如其来的事故时应保持一份镇静，以一种平常的心态从容应对。

初九，震来虩虩，后笑言哑哑，吉。

【今译】

初九，震雷来了，先惊恐不定，继而笑言自若，吉利。

【导读】

初九爻以阳爻居全卦之初，表明人们应该从一开始就要培养起应对突发事件的能力。震雷突然而至，确实让人感到惊恐，

但人们应该立即镇定下来，以坦然的态度笑言以对，这样做才能获得吉利。然而这种镇定和坦然不是与生俱来的，需要长期培养才能具备。世事无常，人们不可避免地会遭遇各种突发事件。人们平时如能心存戒惧，行事小心谨慎，在遭遇突发事件时就能够处变不惊、泰然处之。

六二，震来厉，亿丧贝，跻于九陵。勿逐，七日得。

【今译】

六二，震雷来了，危险。想起丢失了财产，登上高高的山冈。不要追寻，七天后失而复得。

【导读】

六二爻以阴爻居下卦中位，具有中正之德。突发事件让人猝不及防，犹如震雷突然来临，十分危险。六二自身柔弱，不足与突如其来的变故正面抵抗，为保存实力六二决定暂时避其锋芒，主动撤离。虽然他想起自己丢失了大量财产，但他没有冒着危险去寻找，而是退避到了高高的山冈上暂时躲避危险。突发事件终不会长久，待危险过去后一切又恢复平常，因为六二保存了实力他就很容易重新得到失去的东西。面对突发事件，六二这种以退为进的做法是十分明智的，既免遭危害，又为日后复出保存了实力。

六三，震苏苏，震行无眚。

【今译】

六三，震雷让人瑟瑟发抖，在雷声中小心行事就不会有过失。

【导读】

六三爻以阴爻居下卦的最高位，不中不正。当震雷来临，六三被吓得浑身瑟瑟发抖，一副惊魂不定的模样。在应对突发事件时过分惊恐本不是正确的处事态度，然而若能因此小心谨慎地行事，则可以免除过失。人们无法预料突发事件，人们能做的就是时时保持戒备心理，凡事三思而行，当确有突发事件发生也能避免处理不当而遭受更大的伤害。

九四，震遂泥。

【今译】

九四，在震雷中陷入泥潭，不能自拔。

【导读】

九四爻以阳爻居阴位，性情阳刚却不中不正。震雷来临时九四慌不择路掉进了泥潭，以致陷入不能自拔的危境。当遭遇突发事件，人们既不能因过分惊恐而畏缩不前，更不能急躁冒进。九四品行不端且性情急躁，缺乏对危局的冷静思考，他面对突如其来的变革惊慌失措，为急于摆脱困境铤而走险，结果使自己陷入更大的危险之中。

六五，震往来厉，亿无丧有事。

【今译】

六五，震雷来来往往会有危险，人们想到坚守中道就能于事无所损失。

【导读】

六五爻以阴爻居君位，具有中和之德。震雷响起而后消失，接着再次响起而后再次消失，如此往来反复给人们带来巨大的危险。突发事件接连发生，让人猝不及防，其危厉自然不言而喻。但六五却能在接连不断的危厉中安然无恙，自己所从事的事业也毫发无损，原因就在于六五始终坚守中庸之道，行事不

偏不倚，以一种中和的态度游刃有余地应对危难。

上六，震索索，视矍矍。征凶。震不于其躬，于其邻，无咎，婚媾有言。

【今译】

上六，震雷逐渐消失，目光惊恐，行动有凶险。震雷没有击中自己，而击中了邻居，没有灾祸，但婚姻之事会遭到非议。

【导读】

上六以阴爻居全卦的最高位，寓意震雷已经渐行渐远，几乎消失殆尽，比喻突发事件已经结束，然而上六仍然是一副惊魂未定的样子。突发事件虽然暂时平息下来，但人们还没有从突发事件的惊恐中解脱出来，此时如急于对外贸然采取行动，结果必然是凶险的。突发事件也许并未伤及自身，而只是对邻里造成了伤害，但人们应该从中吸取教训，采取积极的防范措施做到未雨绸缪，待日后遭遇类似事件就可以免除灾祸。虽然突发事件暂时得到缓解，但是人们不能因此而放松警惕去做一些喜庆的事情，比如婚嫁之事，不然定会遭到非议。

艮卦第五十二

艮其背，不获其身，行其庭不见其人。无咎。

艮卦

【今译】

（意念）停止在背部，看不见身体前面，如同行走在庭院里却看不见人，没有灾祸。

【导读】

艮是停止的意思，本卦教人适时而止，以追求内心安宁。从卦象来看，本卦上下均为艮，艮代表山，山给人一种静止而稳重的感觉，山又有大山拦路的意思，艮卦二山重叠，代表群山层峦叠嶂，通途就此隔断，因此艮卦比喻人们应及时停止烦琐的事务让内心平静下来。古人常用将意念停止在身体某一特定部位的方法来放松身心，使思维达到一种宁静的状态。“背”是人体唯一能够始终保持静止不动而目不能视的部位，将意念停止在背上比喻身心静止下来，“不获其身”指看不见自己，就如同行走在庭院中却不见其人一样，表示心无杂念，身心完全进入一种忘我的静止状态。

初六，艮其趾，无咎，利永贞。

【今译】

初六，（意念）停止在脚趾上。没有灾祸，利于永远坚守正道。

【导读】

初六爻以阴爻居阳位，失正，又处于全卦的最下方，表示初六的行为从最初就有失正道。“趾”位于人体的最下方，人欲动，趾必先行，趾不动，人必不能行。将意念停止在脚趾上，让脚趾停止行动，比喻在错误行为之初就及时加以制止，防止错误进一步发展就没有灾祸。让失正的错误行为止于始不是一时之事，而是要长久坚守，永远固守正道是有利的。

六二，艮其腓，不拯其随，其心不快。

【今译】

六二，（意念）停止在小腿上，不能跟随别人，心里不高兴。

【导读】

六二爻以阴爻居下卦中位，具有中正柔和的美德，恰似一位行事中和而谦卑的正人君子。初六爻讲“静止”，而六二爻却强调“动”，若不当止时则应该大胆行动，而紧紧跟随六二这样的正人君子正是不当止的行为。“腓”是小腿，将意念停止在小腿上让小腿静止不动人自然就无法前行，比喻人们虽然向往追随君子的行动，但身体却不能随心而动，这是令人不愉快的事情。无论是静还是止，只有身心协调一致人们才能达到一种愉悦的状态。

九三，艮其限，列其夤，厉，薰心。

【今译】

九三，（意念）停止在在腰上，隔断了背部的肌肉，内心感到像火烧一样危厉。

【导读】

九三爻以阳爻居下卦的最高位，同时也是上卦和下卦的连接处，于人体而言则是腰所在的位置。要做到身心平静，全身上下各个部位务必协调一致。将意念集中在腰部，让腰部处于静止状态，从而隔断了背部肌肉和下肢之间的联系，使人体上下不能协调，以致出现心烦意乱的状况，内心犹如火烧一般痛苦，这是很危险的。

六四，艮其身，无咎。

【今译】

六四，（意念）停止在躯干上，没有灾祸。

【导读】

六四爻以阴爻居阴位，得正，又已经进入上卦，犹如到了人体的躯干，即胸腹所在的位置。胸腹是人体五脏六腑所在的地方，将意念停止于此可以使人体各个重要器官得到充分调理，让身心迅速平静下来，这样做当然是没有灾祸的。

六五，艮其辅，言有序。悔亡。

【今译】

六五，（意念）停止在口上，说话有条理，悔恨消失。

【导读】

六五爻以阴爻居君位，具有中和之德。“辅”即口，六五在卦中所处的位置犹如口在人体中的位置。口是说话的器官，人们用意念来调节身心，往往口中念念有词，用有序的口诀来引导意念。将意念停止在口上，并不是让人闭口不语，而是教人不能语无伦次或胡言乱语。人们往往祸从口出而招致悔恨，内心难以安宁，但人们若能做到谨言慎语且言之有理，悔恨就会

消失，内心就能平静下来。

上九，敦艮，吉。

【今译】

上九，（意念）圆满地停止，吉利。

【导读】

上九以阳爻居全卦的最高位，是对全卦的总结。“敦”是敦厚笃实的意思。人们通过意念的调息，抛开所有虚幻和浮躁，使内心更加敦厚笃实，让身心处于一种圆满的宁静状态，人们能够达到这样的境界无疑是吉利的。

渐卦第五十三

渐卦

渐：女归吉，利贞。

【今译】

渐：嫁女吉利，利于坚守正道。

【导读】

渐是逐渐的意思，本卦描写鸿雁逐渐飞远而后逐渐折回的整个过程，并以此起兴起妻子对远征在外的丈夫的思念之情。从卦象来看，渐卦上卦为巽，代表木，下卦为艮，代表山，山顶上长满了树木，然而树木的长成不是一蹴而就的，而是循序渐进逐渐长成的，因此渐卦被赋予了逐渐的意思。树木长成参天大树而根系仍然牢牢地深埋在大山之中，渐卦表达了妻子对远方丈夫的牵挂和思念。古时男女结婚要经历一定的礼仪程序，即纳采、问名、纳吉、纳征、请期、亲迎六个步骤，嫁娶不能操之过急，只有严格按照这一过程逐渐完成嫁娶之事才是吉利的，也只有遵守这种礼仪规范的婚嫁才是符合正道的。

初六，鸿渐于干，小子厉，有言，无咎。

【今译】

初六，鸿雁逐渐飞到水畔，小孩有危险，应受到责备，但没有灾祸。

【导读】

初六爻以阴爻居全卦之始，犹如处于大山的河谷地带。（妇人）看到鸿雁逐渐飞到山谷中的河畔，便联想到自己家的小孩子，对孩子们来讲河畔是一个充满了危险的地方，一不小心就可能坠入河中酿成灾祸，父母应该责备经常到河畔玩耍的孩子，以防可能出现的灾祸。

六二，鸿渐于磐，饮食衎衎，吉。

【今译】

六二，鸿雁逐渐飞到大石头上，快乐地吃东西，吉利。

【导读】

六二爻以阴爻居下卦的中位，具有中正柔美之德。此时（妇人）看到鸿雁逐渐飞到了山坡上，那里有丰富的食物，妇人由此联想到全家人在一起用餐的欢乐场景。六二恰似一个温柔贤惠的妻子，她在家准备好可口的饭菜，然后跟丈夫和孩子一起高兴地享用，这样一幅温馨的家庭生活场景无疑是非常吉利的。

九三，鸿渐于陆，夫征不复，妇孕不育，凶，利御寇。

【今译】

九三，鸿雁逐渐飞到高台之上，丈夫出征没有回来，妻子怀孕了，但担心不能独自将孩子养育成人。凶险，利于抵御敌寇。

【导读】

九三爻以阳爻居下卦的最高位，虽得正但不居中。（妇人）看到鸿雁逐渐飞远，停歇到了山坡之上的高台处，她联想到自己远征的丈夫至今未归，除了对丈夫的思念她内心更多了一份对家庭未来的担忧，她已经怀有身孕，而丈夫生死未卜，自己能独自将孩子抚育成人吗？这种处境对于一个家庭来说无疑是凶险的，但丈夫出征在外是为了抵御外敌，这对于整个国家而言却是有利的，爻辞由此充分体现了古人舍小家为大家的爱国情怀。

六四，鸿渐于木，或得其桷，无咎。

【今译】

六四，鸿雁逐渐飞到树上，停在平直的树枝上，没有灾祸。

【导读】

六四爻以阴爻居阴位，虽柔弱而得正，又已经进入上卦巽，巽为木，因此爻辞言“鸿渐于木”。鸿雁通常栖息在沼泽、湖泊、河流等有水的地方，而如今鸿雁却飞到了树上，到了它本不该到的地方，又因为鸿雁趾间有蹼，很难在树枝上停稳，好在树枝又平又直，可以短暂停留，但不可久居。妇人看到树上的鸿雁触景生情，联想到自己处境艰难，好在自己能始终坚守正道，生活困顿却也能够勉强维持下去，因而没有灾祸。

九五，鸿渐于陵，妇三岁不孕，终莫之胜。吉。

【今译】

九五，鸿雁逐渐飞到高陵之上，妻子多年不能怀孕，困难最终没有压倒她，吉利。

【导读】

九五爻以阳爻居君位，至中至正，至刚至尊。（妇人）看到鸿雁远飞至高陵之上，渐次远去，联想到丈夫常年征战在外而自己多年不能怀孕，这样的生活对于一个女人来讲是何等的艰

难啊，但她对自己的丈夫却忠贞不渝，无论多大的困难也没有将她压倒，她始终坚信结果是吉利的。

上九，鸿渐于陆，其羽可用为仪。吉。

【今译】

上九，鸿雁逐渐飞到高台上，它的羽毛可用来做仪仗的装饰。

【导读】

上九爻以阳爻居全卦之终，预示鸿雁最后的归宿。（妇人）看到鸿雁逐渐折回到山坡上的高台处，那里离家已经很近了，她联想到丈夫就要随军凯旋，人们将用鸿雁的羽毛举行盛大的仪式来欢迎他，自己长久的坚守终将获得一个吉利的回报。

归妹卦第五十四

归妹卦

归妹：征凶，无攸利。

【今译】

归妹：行动凶险，没有什么好处。

【导读】

归妹是嫁妹的意思，本卦讲古时妹妹陪姐姐出嫁做偏房的一种特殊婚姻制度。从卦象来看，归妹卦上卦为震，代表长男，下卦为兑，代表少女，长男在上，而少女在下，有少女从长男之象，因此引申为妹妹出嫁。妹妹以偏房的身份陪姐姐一起出嫁到男方，这本不是妹妹心甘情愿之事，只是迫于一种特殊的婚姻制度不得已而为之，这种强迫性的婚姻行为违背了少女的意愿，注定将给婚后生活带来不幸，因此结果是凶险的，没有任何好处。

初九，归妹以娣，跛能履。征吉。

【今译】

初九，妹妹陪嫁做偏房，如同跛脚的人也能穿鞋走路。行动吉利。

【导读】

初九爻以阳爻居全卦的最下方，地位低下而得正。妹妹随姐姐陪嫁只能作为偏房，而不能作为正室。她地位卑微却才德兼具，既能安守本分与作为正室的姐姐和睦相处，又能竭尽所

能辅助夫君，就如同一个跛脚的人，他穿上鞋子也能够走路一样。初九以一种谦卑的态度心甘情愿地去陪嫁，其结果是吉利的。

九二，眇能视，利幽人之贞。

【今译】

九二，一目失明的人也能视物，利于幽居之人坚守正道。

【导读】

九二爻以阳爻居中位，比喻作为偏房的妹妹处境不佳却具有中和之德。妹妹以偏房的身份嫁到男方，在家庭生活中不可能像姐姐作为正室那样发挥主要作用，但能起到一定的辅助作用，就如同一个眼睛失明的人虽然视力不太好，却也能视物一样。作为偏房，妹妹处境艰难，会受到来自正室和夫君的双重约束，犹如一个受到拘禁而不能自主的人，此时她却能坚守正道保持本分，以中和的态度面对现实，默默地承受着逆境中的痛苦。

六三，归妹以须，反归以娣。

【今译】

六三，妹妹以正室的身份出嫁，又返回来以偏房的身份出嫁。

【导读】

六三爻以阴爻居下卦最高位，不中不正。须是姐姐的意思，妹妹试图以姐姐的身份嫁到男方家做正室未能成功，结果返回娘家只得以妹妹的身份再次嫁到男方家做偏房。在“归妹”制度盛行的时代，个人的反抗是毫无意义的，但《周易》作者明显不赞成这种婚姻制度，因此本爻并没有附上吉凶的判断。

九四，归妹愆期，迟归有时。

【今译】

九四，妹妹出嫁延期，将出嫁日推迟到另外一个时候。

【导读】

九四爻以阳爻居阴位，失正。妹妹本应随姐姐一起嫁到男方家，但由于妹妹尚未成年，因而妹妹出嫁不得不推迟，姐姐先嫁到男方家以后妹妹还需要继续在娘家住上一段时间，待妹妹成年以后再嫁到男方家。九四是对当时“归妹”风俗习惯的记录。

六五，帝乙归妹，其君之袂，不如其娣之袂良。月几望，吉。

【今译】

六五，帝乙出嫁妹妹，作为正室的服饰没有作为偏房的服饰好。就要到月满的时候了，吉利。

【导读】

六五以阴爻居尊位，具有中和之德。帝乙是商纣王的父亲，他把自己的妹妹下嫁给周王作为偏房。虽然只是偏房，但由于出身高贵，她的服饰比正室的服饰还要漂亮，对此六五已经心满意足了，如果再有过高的奢求就有失本分了。六五深知其中的道理，即使是帝王的妹妹也应该安守偏房的本分，始终保持中和的性情，自己的地位再高也不可能高过正室，就像十五的月亮处于将盈而未盈的状态。月盈而亏，因此“月几望”的状态是最为吉利的。

上六，女承筐无实，士刲羊无血。无攸利。

【今译】

上六，女子提着筐，里面没有东西；男子宰羊，没有出血，没有什么好处。

【导读】

上六以阴爻居全卦的最高位，描写了在婚礼现场祭祀的场景。古人成婚必举行祭祀向神灵和祖先供奉祭品，以求婚后生活幸福美满。但不幸的是，女方献上的是一个空篮子，里面没有任何果实，而男方宰羊却不见血，在古人看来这都是不吉利的征兆。爻辞以此说明这种“归妹”的婚姻制度是没有什么好处的。

丰卦第五十五

丰卦

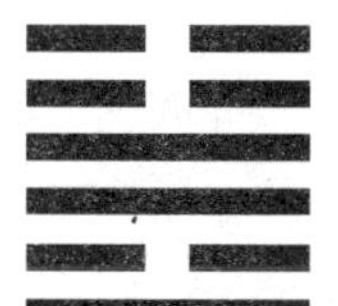

丰：亨，王假之，勿忧，宜日中。

【今译】

丰：亨通。君王表现淡定，不用担忧，日中出现（日食）很正常。

【导读】

丰是大的意思，在本卦中特指日食中的阴影之巨大，本卦记述了古时一次在正午时分发生的日食现象，以及人们在这一过程中的各种反应。从卦象来看，丰卦上卦为震，代表雷，下卦为离，代表闪电，整个卦象代表电闪雷鸣般的盛大场景，比喻日食中阴影遮天蔽日的场面给人巨大的心理震撼。然而正午发生日食只是一种正常的自然现象，人们没有必要大惊小怪，日食过后一切就将恢复亨通和顺畅，君王对此是十分了然的，他表现得异常淡定，并且告诫臣民们不要恐慌。

初九，遇其配主，虽旬，无咎，往有尚。

【今译】

初九，日食中阴影和阳面相遇而重叠，虽然势均力敌，但没有灾祸，发展下去阳面就会占优势。

【导读】

初九以阳爻位于全卦的最下方，表示日食的初始阶段。“配主”本义是女主人，女为阴，在本爻中引申为日食中的阴影。

在日食初期，阴影和太阳相遇而遮蔽了部分太阳，随着阴影面渐次扩大，太阳被遮蔽的部分也越来越多，使整个太阳的阴阳两面处于一种势均力敌的状态。阴影遮挡住部分太阳是一种正常的天文现象，并不是鬼怪灾异，过一段时间阴影面就会逐渐缩小，而阳面就会逐渐占据上风。

六二，丰其蔀，日中见斗，往得疑疾，有孚发若。吉。

【今译】

六二，阴影越来越大，以至于正午看见了北斗星，如继续持续下去就有人心生狐疑而患病，但不久太阳就会再次焕发光芒，吉利。

【导读】

六二以阴爻居下卦的中位，此时阴影继续扩大，光线越来越少，天空变得黑暗起来，以至于在正午时分看见了太空中的北斗星。古人缺乏科学知识，不能正确认识日食现象，因此面对正午突如其来的黑暗人们心生狐疑，往往将日食当作灾异降临，甚至因过度惊恐而患病。此时只要人们心怀坦荡地镇静面对，不一会儿就可以看到太阳又将重新焕发光芒。六二具有中正之德，他能够以正确的态度去应对眼前的黑暗，最终将获得吉利的结果。

九三，丰其沛，日中见沫，折其右肱。无咎。

【今译】

九三，阴影更大了，正午出现了微小的星星，黑暗中有人折断了右臂，没有灾祸。

【导读】

九三以阳爻居下卦的最高位，表示阴影进一步曼延，完全遮挡住了太阳，处于日全食的状态。此时天空完全黑暗下来，没有一丝亮光，以至于在正午时分却看见了极为细小的星星。面对此情此景，人们惊慌失措，有人在慌乱中摔折了右臂。日全食之后阴影将逐渐减少，天日重见，因此恐慌也只是暂时的，不会有更多灾祸。

九四，丰其蔀，日中见斗，遇其夷主。吉。

【今译】

九四，阴影减退，正午看见了北斗星，阴影和阳面相遇而重叠，吉利。

【导读】

九四爻以阳爻居阴位，此时阴影面渐次消退，而阳面将逐步扩大，太阳露出微弱的光芒，天空中的小星星已经看不见了，只能看见较大的北斗星。“夷”指东方，那里是太阳升起的地方，“夷主”指东方之主，借指为太阳，人们将再次遇见太阳，因而是吉利的。

六五，来章，有庆誉。吉。

【今译】

六五，太阳光芒四射，人们欢庆而赞誉，吉利。

【导读】

六五爻以阴爻居尊位，此时阴影已经完全消失，日食就此结束。“章”指光明，来章指光明复现。太阳再次绽放出耀眼的光芒，人们欢呼庆祝并赞誉太阳给世间带来了光明，这样的结果是吉利的。

上六，丰其屋，蔀其家，窥其户，阒其无人，三岁不

觌，凶。

【今译】

上六，房屋高大，遮住家门。往里窥探，空无一人，多年都见不到人，凶险。

【导读】

上六爻以阴爻居全卦的最高位，爻辞记述了日食结束后一些人因惊魂未定而弃家逃亡的结果。在古人看来，日食是不祥之兆，日食给人们带来的恐惧在短时间内是难以抚平的。为了避免更大的灾祸，有的人舍弃了高大的房屋奔走他乡，他们将家门遮挡起来以防别人进入。人们从门缝往里窥探，却发现里面空无一人，多年来一直未见有人出入。对日食这种自然现象过度惊恐乃至弃家逃亡，其结果无疑是凶险的。

旅卦第五十六

旅卦

旅：小亨，旅，贞吉。

【今译】

旅：小心谨慎就能亨通，旅行在外要坚守正道，可获吉利。

【导读】

旅是旅行在外的意思，本卦讲当人们旅行在外时为人处世的道理，并由此引申出人们对人生之旅的正确态度。从卦象来看，旅卦上卦为离，代表火，下卦为艮，代表山，整个卦象表示山上有火，火势蔓延不止，象征行人匆匆赶路。旅途中充满了艰辛，旅行在外之人当时时处处小心谨慎，提防随时可能出现的各种危险，如此旅途就可以亨通顺畅。旅途中不可胡作非为，坚守正道旅行才会吉利。

初六，旅琐琐，斯其所取灾。

【今译】

初六，旅行时疑心重重，自取灾祸。

【导读】

初六以阴爻居全卦的最下方，表示在旅行之始。万事开头难，初六性情柔弱，对自己的出门之旅显得信心不足，内心充满了困惑，因而表现出一副疑心重重的形象。初六这种严重自卑的心理无异于自取灾祸，是为人所不齿的。在旅行之初人们

应该树立信心，对前途充满希望，以一种开拓进取的精神踏上旅程，这不仅是对自己的鼓励，同时也能在旅途中获得别人的尊敬。

六二，旅即次，怀其资，得童仆，贞。

【今译】

六二，旅行到了客栈，带着财物，得到一个童仆，坚守正道。

【导读】

六二以阴爻居下卦中位，具有中正之德。一个亨通顺畅的旅行应该具备三个必要条件：首先要有可以借宿和休息的地方，以消除旅途中的疲惫。其次要有充足的钱物，足以支付旅途中的花销。最后还需要一个忠实的伴侣，以相互关心和照顾。六二完全满足了以上三个条件，不仅有可以住宿的地方，带有足够的钱财，而且有一个忠实可靠的童仆陪伴左右。六二之所以具备这些条件是因为他坚守正道、性情柔顺且为人谦卑的结果。

九三，旅焚其次，丧其童仆，贞厉。

【今译】

九三，旅途中借宿的客栈失火了，失去了童仆，坚守正道以防范危厉。

【导读】

九三爻以阳爻居下卦最高位，得正但不居中，有冒进冲动之嫌。在旅途中行事本应格外小心，但九三性情急躁，行事鲁莽，结果使自己陷入危厉的境地。他借宿的地方被烧毁了，无处安身，而且忠实的童仆也失去了，只剩下自己孤零零一个人。

爻辞从反面告诫人们在旅途中应该始终保持柔和谦卑的性情以及不偏不倚的中庸之道。

九四，旅于处，得其资斧，我心不快。

【今译】

九四，旅行中找到一个暂时歇脚的地方，得到了钱财，可仍然不开心。

【导读】

九四以阳爻居阴位，失正。在旅行中找到一个暂时可以用来歇脚的地方，但不能居住，茫茫旅程不知何时才能结束。商周时期货币常常形如刀斧等生产工具，因此“资斧”可借代为钱财。九四虽然得到了一些钱财，但他仍然心情不愉快，原因是九四行为失正，在旅途中得不到人们的帮助，而且孑然一身没有人陪伴，心情难免孤独郁闷。

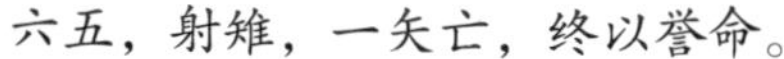
六五，射雉，一矢亡，终以誉命。

【今译】

六五，射野鸡，损失了一支箭，最终得到了赞誉。

【导读】

六五爻以阴爻居君位，具有中正柔和之德。人们旅行在外如要有所收获，必然先有所舍弃，犹如用弓箭射猎一样，要射中野鸡就必须损失一支箭，这是显而易见的道理。在人生旅途中无不如此，欲图回报必先付出，六五以中正柔和之德深谙其中的道理，以辛勤的付出去换得丰厚的回报，终究能够得到人们的赞誉，相反不劳而获必然遭到人们唾弃。

上九，鸟焚其巢，旅人先笑后号咷，丧牛于易。凶。

【今译】

上九，鸟巢失火，旅途中的人先笑而后号啕大哭，因为在田畔丢了牛，凶险。

【导读】

上九爻以阳爻居全卦的最高位，阳刚过盛而失正。“牛”是一种温驯的动物，“丧牛于易”比喻上九失去了温和的性情和中和的行事原则。旅行中当以谦下为本，上九却一副高高在上的模样，对别人的不幸不但不给予同情，反而幸灾乐祸，他的这种行为是极为凶险的。事事物极必反，由于上九阳刚过盛，他只知进却不知退，一味冒进必然遭遇灭顶之灾，犹如鸟儿被烧掉了鸟巢，终究落得个号啕大哭的可悲下场。上九处于全卦之终，犹如在旅途中的人们已无去路，此时人们应该安居下来是为上策。人生不能一直漂泊，经过长久的旅行最终是要安定下来的。

巽卦第五十七

巽卦

巽：小亨。利有攸往，利见大人。

【今译】

巽：小心谨慎就能亨通。利于前往做事，利于有大德大才的人出现。

【导读】

巽本义为入，引申为柔和顺从。从卦象来看，巽卦上下均为巽，巽代表风，风虽无形却无孔不入。风是柔顺的，却又无所不至，比喻人们行事谦和顺从却无往不利。为人时时处处小心谨慎，行事抱以一种谦卑柔顺的态度就能亨通顺畅。然而顺从并不是盲从，并不是毫无原则地顺从任何人的意志，而是要选择一个恰当的顺从对象，只有让那些具有大德大才的人进入人们的内心并且顺从于他们的才德，人们才能无往而不利。

初六，进退，利武人之贞。

【今译】

初六，进和退，利于军人坚守正道。

【导读】

初六爻以阴爻居全卦的最下位，地位卑微且性格柔顺。“武人”即军人，军人以服从命令为天职，行军打仗无论是进还是退，军人都必须绝对顺从上级的命令，因此对于军人而言顺从就是正道。军人坚守顺从之道才能保证军队统一号令，做到令

行禁止，同时也才能保持军队严密的纪律性，从而为取得战争胜利奠定坚实的基础。

九二，巽在床下，用史巫纷若。吉，无咎。

【今译】

九二，伏在床下，聘用众多巫师，吉利，没有灾祸。

【导读】

九二爻以阳爻居下卦中位，虽失正但得中。由于九二处于不当的位置，他难免会遭遇过失，然而九二同时也具有中和之德，他能够真心悔过，“巽在床下”比喻九二用一种极其谦卑而顺从的姿态真诚地忏悔曾经犯下的过错。商周时期“史巫”掌管着占卜活动，他们被认为是沟通人神的中介，因此九二聘请了大量的史巫来作法以求得神灵的原谅。九二恭顺地悔过自新是吉利的，不会有灾祸。

九三，频巽。吝。

【今译】

九三，皱着眉头表示顺从是令人鄙视的。

【导读】

九三爻以阳爻居下卦的最高位，得正却阳刚过盛，恰似一个清高气傲而刚愎自用的人，这种人唯我独尊，难以顺从别人的意见，但由于九三处于上卦和下卦的连接处，宛如一个身居一定职位的官员时常会受到来自上级和下属的双重压力，特殊的地位迫使他不得不皱着眉头顺从别人的意见，但是这种顺从并不是发自内心的心悦诚服，而是迫于压力不得已而为之，因此他们对上级意见往往阳奉阴违，而对下属建议尽可能敷衍塞责，这种言不由衷的顺从是可鄙的。

六四，悔亡，田获三品。

【今译】

六四，悔恨消失，获得众多猎物。

【导读】

六四爻以阴爻居阴位，得正，柔顺至极。六四性情柔顺却能力不足，但他能够谦卑而顺从地追随那些有才德的人，他这种柔顺的性格弥补了自己能力的欠缺，因而也就无所悔恨。“田”是打猎的意思，古人将收获的猎物分为三品，将猎物风干作为祭品是为上品，猎物供宾客享用是为中品，猎物供自己食用是为下品。“田获三品”表示六四收获丰厚，爻辞以此为喻告诉人们柔顺的性格可以让人获得丰厚的回报。

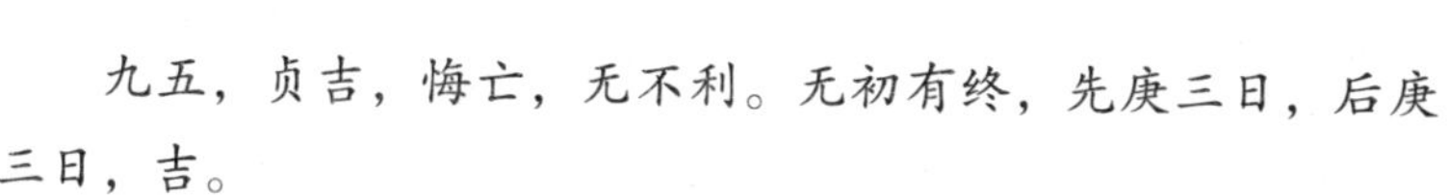

九五，贞吉，悔亡，无不利。无初有终，先庚三日，后庚三日，吉。

【今译】

九五，坚守正道吉利，悔恨消失，无所不利。开始不顺，结果很好，时间充足，吉利。

【导读】

九五爻以阳爻居君位，至中至正，至刚至尊。巽卦讲柔顺之道，而九五正是柔顺之道的最高表率，对九五而言柔顺即为正道，坚守柔顺之道就可以获得吉利，也就无所悔恨，也就无往不利。柔顺起初往往被人误解为懦弱无能而受人鄙视，但只需假以时日人们就会发现柔顺其实是 种极为高明的处世策略，可以让人获得吉利的结果。古人用天干记日，“先庚三日，后庚三日”恰好七天，比喻一段较长的时间。坚守柔顺之道不是一朝一夕的事，需要长期坚守才能吉利。

上九，巽在床下，丧其资斧，贞凶。

【今译】

上九，伏在床下，丢失了钱财，坚守正道以防范凶险。

【导读】

上九爻以阳爻居全卦的最高位，有阳亢之忧。阳刚过盛而阴柔不足的人往往并不能真心顺从别人，“巽在床下”只是做出了顺从的姿态，而并没有采取顺从的实际行动。“丧其资斧”比喻虚假的顺从只会给人们带来损失，人们应该真诚地坚守顺从的正道以防范可能出现的凶险之事。

兑卦第五十八

兑卦

兑：亨，利贞。

【今译】

兑：亨通，利于坚守正道。

【导读】

兑是说的意思，本卦讲言论和对话的道理。从卦象来看，兑卦上下皆为兑，兑代表泽，兑卦整个卦象犹如两泽紧紧相连，兑上爻为阴，恰似一个张开的口子，水流可以自由穿梭于两泽之间，象征人们通过对话交流达到心灵的交融。人们通过对话交流表达内心的想法，并借此了解对方的意愿，这种相互对话交流可以消除人们内心的隔阂，使人际交往更加亨通顺畅。但同时人们也应该看到往往“祸从口出”，言不由衷、诽谤诋毁、以讹传讹非但不能达到交流的目的，反而会加深人们之间的隔阂，因此对话一定要坚守正道，用真诚的言语实现人际间的交流。

初九，和兑，吉。

【今译】

初九，和悦地对话，吉利。

【导读】

初九以阳爻居全卦的最下方，得正，表示人们在与人对话交流之初就应该坚守正道。“和”是和悦的意思，与人说话应该

和颜悦色，以一种平和的心态平等地与人对话。如果在交流之初就摆出一副盛气凌人的模样，对话就很难进行下去，而和悦的对话就能拉近对话双方的距离，如此不仅对话能够顺利进行，而且对话的结果也是吉利的。

九二，孚兑，吉，悔亡。

【今译】

九二，真诚地对话，吉利，悔恨消失。

【导读】

九二爻以阳爻居下卦中位，得中，具有忠诚之德。与人对话交流贵在言必由衷，以真诚的话语去取信于人，这种真诚的言语不是虚假的伪装，而是发自内心的真实表达。虚伪的花言巧语虽然悦耳，却不能悦心，因而必然招致悔恨。对话交流的根本目的在于增进人们之间的心灵交汇，因此真诚的对话交流能够消除悔恨，对话的结果是吉利的。

六三，来兑，凶。

【今译】

六三，前来对话，凶险。

【导读】

六三爻以阴爻居阳位，失正，宛如一个阴邪小人。“来兑”是六三主动上前与人对话，主动与人交流本无可厚非，但对话交流的前提是坚守正道，六三既已失正，其行为难以取得人们的信任，他主动与人搭讪总给人图谋不轨的感觉，人们自然会拒之千里，这样的结果是凶险的。爻辞从反面告诫人们与人对话交流务必坚守正道。

九四，商兑未宁，介疾有喜。

【今译】

九四，思量对话的对象而不能决定，隔绝邪疾则有喜庆。

【导读】

九四爻以阳爻居阴位，失正。九四介于阴爻六三和阳爻九五之间，犹如人们处于君子和小人之间。九四失正欲与六三对话交流，然而其自身毕竟是阳刚之质，又心向往九五，恰似一个心术不正而又良心未泯的人在君子和小人之间左右徘徊，一时难以决断。然而对话交流必须选择一个恰当的对象，爻辞明确告诫人们要与那些有邪疾的小人断绝来往，如此才能获得喜庆。

九五，孚于剥，有厉。

【今译】

九五，真诚地听信小人之言，有危厉。

【导读】

九五爻以阳爻居尊位，本具有中正之德，但九五处于失正的九四和阴爻上六之间，恰似被奸佞小人包围的君王。君子道消、小人道长称为“剥”，因此“剥”引申为小人。小人擅长用各种花言巧语讨好君王，以获得君王的欢心，但小人往往口蜜腹剑，君王被小人巧舌蒙蔽，轻信小人谗言是极其危险的。

上六，引兑。

【今译】

上六，引诱别人对话。

【导读】

上六爻以阴爻居全卦的最高位，阴邪至极，他占据了对话

的主动权，主动去引诱别人对话。爻辞并没有对“引兑”作吉凶判断，原因在于引兑的结果完全是由君子自身决定的。面对小人的引诱，君子若能断然拒绝，其结果自然是吉利的，但君子如果听信小人谗言，其结果必定是凶险的。

涣卦第五十九

涣卦

涣：亨，王假有庙。利涉大川，利贞。

【今译】

涣：亨通，君王来到祖庙。利于渡过大江大河，利于坚守正道。

【导读】

涣的本义是水流散开，在本卦中指洪水，本卦记录了古时发生的一次洪灾以及人们在洪灾中的种种反应。从卦象来看，涣卦上卦为巽，代表风，下卦为坎，代表水。风行水上推波助澜，水流四处散开，犹如洪水奔腾不止。洪水是自然灾害，是不以人的意志为转移的，当洪水来临人们应采取积极措施予以应对。君王亲自来到祖庙祈求祖先和神灵的护佑，并以此为契机号召全国人民共同抗击洪灾，这种积极应对的态度可以将灾难造成的损失降到最低限度。“利涉大川”比喻在灾难中能够克服种种巨大的困难，“利贞”表明当洪灾来临人们务必坚守正道方可在灾难中化险为夷。

初六，用拯马壮，吉。

【今译】

初六，用健壮之马拯救，吉利。

【导读】

初六以阴爻居全卦的最下位，比喻目前尚处在洪灾的最初阶段。古人应对洪灾的能力是很弱的，人们面临洪水来袭第一

反应是赶快离开，因此在洪灾中乘一匹强健有力的快马迅速逃离而得救是吉利的。当人们无力抵挡自然灾害而主动避灾，这无疑是一种非常明智的选择。

九二，涣奔其机，悔亡。

【今译】

九二，洪水冲毁屋基，悔恨消失。

【导读】

九二爻以阳爻居中位，比喻洪水呈进一步漫延的趋势。此时人们看到自己家的屋基被洪水冲毁了，但自身因迅速撤离而得以保全性命，这是不幸中的万幸，因此人们虽然遭受了严重的财产损失，但也没有什么可以悔恨的。只要性命无忧，待洪灾过后人们还可以重建被冲毁的家园。爻辞充分体现了古人在灾难面前的一种乐观和豁达的精神。

六三，涣其躬，无悔。

【今译】

六三，洪水快淹没到自身，没有悔恨。

【导读】

六三爻以阴爻居下卦的最高位，比喻此时洪水已经淹没了较高的地方。“躬”指自身，“涣其躬“表明洪水快淹到了自身，这本是灾祸，而爻辞却判之以“无悔”，何也？初爻讲人们已经乘快马迅速撤离到了安全地带，由于六三提前采取了防范措施而幸免于难，因此没有悔恨。

六四，涣其群，元吉。涣有丘，匪夷所思。

【今译】

六四，洪水快淹没到四邻，结果却大吉大利。洪水来袭时人们聚集在了山丘上，这是人们没有想到的。

【导读】

六四爻以阴爻居上卦之初，表明此时洪水已经淹没了更高的地方。洪水来临时人群纷纷迅速撤离到了高高的山丘上，如今洪水却不断上涨，几乎快淹没了山丘，这说明洪灾之巨完全超乎了人们的想象。好在人们早有防备，可以继续撤离到更加安全的地方，可保性命无忧，因此洪水虽然凶猛，但对人而言结果却是至为吉利的。

九五，涣汗其大号，涣王居，无咎。

【今译】

九五，汹涌的洪水来袭，人们奔走呼叫，洪水快淹没君王的住所了，没有灾祸。

【导读】

九五爻以阳爻居君位，比喻洪水上涨到了王宫所在的地方。对古时普通百姓而言，王宫是国家的象征，君王的安危更是关乎国家的命运和前途，因此当人们看到洪水快淹没王宫时不禁大惊失色并奔走呼告。当洪水来袭，君王自然不会坐以待毙，他早已撤离到安全地带，因此不会遭遇更多灾祸。

上九，涣其血去，逖出，无咎。

【今译】

上九，洪水消退，远离洪灾之地，没有过错。

【导读】

上九爻以阳爻居全卦最高位，此时洪水已经退去。人们遭遇了“匪夷所思”的大洪灾，虽然在这次洪灾中幸免于难，但人们必须思考如何应对下次可能到来的灾害。古时人们抗击洪灾的能力是很弱的，因此最为稳妥的办法就是迁居到远离水患的地方，以免于灾祸。

节卦第六十

节卦

节：亨，苦节不可，贞。

【今译】

节：亨通，不能过度节制，坚守正道。

【导读】

节是节制的意思，本卦讲跟节制有关的道理。从卦象来看，节卦上卦为坎，代表水，下卦为兑，代表泽。若泽中有水，则满而不溢，若泽上有水，则必然四处漫流，因此节卦象征行事当适可而止，有所节制，再好的事情如无节制则将适得其反。凡是皆有度，过犹不及，人们行事有所节制就能亨通。但节制是针对已经做得相当充分的事情而言，对于做得还不够的事情则不存在节制的问题。如事物还没有充分发展而一味加以约束和节制则不仅不能亨通，反而会使事物陷入闭塞不通的境地，因此过度的节制是不可取的，节制也应该坚守正道。

初九，不出户庭，无咎。

【今译】

初九，不走出房屋，没有灾祸。

【导读】

初九爻以阳爻居全卦之初，阳刚而得正。初九犹如初升的太阳，拥有光明的前途和未来。“户庭”指房屋，“不出户庭”比喻初九将自己的行为限制在一个很小的范围内，初九对自己行为的节制是很明智的，他毕竟初出茅庐，涉世未深，能力和经验都还不足，此时锋芒太露必然引来灾祸，而待时机成熟再施展才能却能免于灾祸。

九二，不出门庭，凶。

【今译】

九二，不走出大门，凶险。

【导读】

九二爻以阳爻居阴位，失正。与初九相比，九二无论是才能还是经验都有了较大的增进，此时他应该大胆地施展才能建功立业，然而九二却一味地节制自己的行为，足不出户，限制自己，从而丧失许多创业的大好机遇，这是十分凶险的。

六三，不节若，则嗟若，无咎。

【今译】

六三，不节制，就哀叹，没有灾祸。

【导读】

六三爻以阴爻居下卦最高位，不中不正。六三能力不足而且行为失正，他本该坚守中庸之道，并竭力节制自己的行为，而他却一味逞能放纵自己的行为，结果所做之事远远超出了他能力所能承受的范围。当六三遭遇挫折后才幡然醒悟应该懂得节制，从而发出由衷的哀叹，六三能悔悟而知节制也就不会遭遇更多的灾祸。

六四，安节，亨。

【今译】

六四，安于节制，亨通。

【导读】

六四以阴爻居阴位，得正。六四虽能力不足却贵有自知之明，他深谙节制自身行为的道理。节制不是强制性行为，而是一种自觉行为，是根据自身能力和事物发展程度而作出的应然性选择。当人们能够安守节制之道，心甘情愿地节制自己的行为，那么人们的各种行为将无所不亨通。

九五，甘节，吉，往有尚。

【今译】

九五，以节制为甘美之事，吉利，坚持节制就能受到别人尊尚。

【导读】

九五爻以阳爻居君位，至中至正，至刚至尊。以节制为甘美之事是践行节制之道的最佳境界，人们不以节制为苦，而是发自内心愉快地节制自己的行为。九五代表君王，他以节制为甘美之事，行事持中不偏，为广大臣民作出表率。君王能够以身作则，广大臣民将无不尊尚节制之道，而且将争先效仿，从而让节制之道蔚然成风，这当然是吉利的。

上六，苦节，贞凶，悔亡。

【今译】

上六，过度节制，坚守正道以防范凶险，悔恨消失。

【导读】

上六爻以阴爻居全卦的最高位，表示节制至极。物极必反，节制也不例外，节制也应当有度，过度节制不仅不能使事物亨通，反而会阻碍事物的正常发展。过度节制必然带来凶险之事，而人们只有安守节制之道，并以节制为甘美之事才是节制之正道，也只有坚守节制之正道才能无所悔恨。

中孚卦第六十一

中孚卦

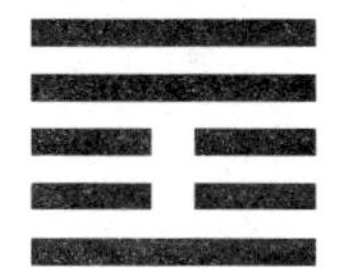

中孚：豚鱼吉，利涉大川，利贞。

【今译】

中孚：诚信感动了猪和鱼，吉利，利于渡过大江大河，利于坚守正道。

【导读】

中孚指内心充满诚信，中孚卦讲诚实守信的道理。从卦象来看，中孚卦上卦为巽，代表木，下卦为兑，兑之卦形与巽之卦形刚好相反，因此中孚卦恰似两半木片接合在一起。古人通常将一块木片一分为二，当事双方各执一半，以后为证明各自身份双方出示木片，二者如能完全吻合则证明双方身份真实不假。再从中孚卦的整个卦形来看，上卦和下卦的中位均为阳爻，阳位实，因此中孚卦整个卦形和卦象都象征内心诚实守信的意思。诚信是立人之本，发自内心的诚信甚至能感化愚钝至极的猪和鱼，更何况人呢？心怀诚信才能获得别人的尊重和支持，也就能够让人克服前进中的种种困难，这种结果自然是吉利的。诚信的前提是坚守正道，虽诚信而不守正则可能误入歧途，结果必然是凶险的。

初九，虞，吉。有它不燕。

【今译】

初九，诚信专注，吉利。别有他图，内心不宁静。

【导读】

初九以阳爻居全卦的最下方，比喻人们在交往之初就应该树立诚信的原则。心怀诚信要求人们始终专注如一，不能三心二意。诚信是为人的基本准则，以诚信待人是发自内心的自觉行为，因此真正的诚信是不图回报的。人们若以诚信为条件而别有他图，如为一己之私，则注定是徒劳的，这种虚伪的诚信不仅达不到目的，反而会使人良心不安。

九二，鸣鹤在阴，其子和之。我有好爵，吾与尔靡之。

【今译】

九二，鹤在幽暗处鸣叫，同类跟着应和。我有美酒，我和你一起分享。

【导读】

九二爻以阳爻居中位，象征人们内心充满了诚信。爻辞采用比兴的手法，用“鹤鸣子和”的场景起兴起“我”欲邀志同好友共饮美酒的激情。鹤是一种至诚的禽鸟，鹤一旦选定配偶将从一而终，一生不离不弃。俗话说“人以群分，物以类聚”，鹤发自内心地鸣叫，其同类闻之而应和，比喻人们若以诚待人，别人必然将以诚信回报之，大家都坦诚相待，从而让人际交流变得愉悦而又融洽。

六三，得敌，或鼓或罢，或泣或歌。

【今译】

六三，遭遇强敌，有人击鼓进攻，有人停战休息，有人哭泣，有人高歌。

【导读】

六三爻以阴爻居下卦的最高位，不中不正。爻辞描写了在军队遭遇强敌时混乱不堪的场面，有人击鼓前进，有人停战休息，有人在哭泣，有人在高歌，这种没有统一号令的军队必然要吃败仗。爻辞以此比喻那些在与人交往时不能始终保持诚信的人，他们的行为是摇摆不定的，让人捉摸不透，其结果自然是凶险的。

六四，月几望，马匹亡。无咎。

【今译】

六四，月亮即将盈满，丢失了马匹，没有灾祸。

【导读】

六四爻以阴爻居阴位，得正。六四爻已经接近君位九五爻了，其处境和地位犹如快盈满的月亮，可谓一人之下，万人之上。“马匹亡”比喻人们抛开了一切私心杂念，一心效忠于君王。初爻讲到内心忠诚的基本原则是专注如一，六四深得君王重用，他就应该一心一意地忠实于君王，始终忠贞不渝。六四近在君侧，他若对君王怀有异心，一旦暴露轻则身败名裂，重则引来杀身之祸，因此他只有专注地忠诚于君王才可保自己免于灾祸。

九五，有孚挛如。无咎。

【今译】

九五，用诚信牵系人心，没有灾祸。

【导读】

九五爻以阳爻居君位，至中至正，至刚至尊。九五身为一国之君当为天下人作出表率，他不能只一味要求天下人以诚信事君，更应该以诚信回报天下人。古往今来多少君王凡得民心者得天下，失民心者失天下，君王以至诚之心牵系天下人心，

善待万千臣民，天下必人心归顺，由此免除亡国之祸。

上九，翰音登于天，贞凶。

【今译】

上九，飞鸟的鸣叫响彻天空，坚守正道以防范凶险。

【导读】

上九爻以阳爻居全卦最高位，俨然一副高高在上的模样。内心诚信之人待人是虚心而谦和的，虚心才能诚恳地接纳别人，而只有谦卑才能善待他人。“翰音登于天”比喻有的人只高呼内心诚信的口号，却总是以一副高傲的态度示人，从不肯脚踏实地做诚信的事情，让人难以相信他们的真诚，故爻辞告诫他们要坚守诚信的正道，以防范凶险。

小过卦第六十二

小过卦

小过：亨，利贞。可小事，不可大事。飞鸟遗之音，不宜上，宜下，大吉。

【今译】

小过：亨通，利于坚守正道。可以做小事，不能做大事。飞鸟留下了声音，它宜于往上飞，不宜往下飞，大吉大利。

【导读】

小过是小有过失，本卦讲如何对待生活中的一些小错。从卦象来看，小过卦上卦为震，代表雷，下卦为艮，代表山，山上的惊雷常常给人带来惊恐，但山上的惊雷也能唤醒万物复苏，雷又常与雨相伴而行，从而滋润万物生长，因此山上惊雷给人们带来的恐慌只不过是小小的过失而已。小过不会改变事物的总体发展方向，只要严密管控不让其铸成大错，事物的发展还是至为亨通的。小过只是针对个人小事而言，在生活中个人小有过失是常有之事，及时改之则无大碍，而对于关乎天下和国家的大事而言，任何一个小小的过失都可能给国家和人民带来巨大的灾难，因此对大事则无小过一说，任何过错都是大错。飞鸟留下声音本是小过，但它如果向高处飞则极易被人发现而遭人射杀；它如果往低处飞则隐蔽在草丛树木中就很难被人发现，结果则是大吉大利的。

初六，飞鸟以凶。

【今译】

初六，鸟往高处飞，凶险。

【导读】

初六爻以阴爻居全卦的最下位，失正。初六恰似一只羽翼未丰的鸟儿欲展翅高飞，这本来只是小有所过，但如任凭其自由高飞，且完全超过了它所能承受的范围则可能有折翅的危险，同时也有被猎人射杀的凶险。爻辞以飞鸟为喻告诫人们小过有可能酿成大祸。小过若能及时被发现并改正就无大碍，但如不加以防范而任凭其自由发展则必然铸成大错，从而陷入凶险。

六二，过其祖，遇其妣；不及其君，遇其臣。无咎。

【今译】

六二，超过祖父，遇到母亲；不超过君王，遇到了大臣，没有灾祸。

【导读】

六二爻以阴爻居下卦中位，有中正之德。“祖”是祖父，是一家之长，而“妣”指母亲，古时家中女人的地位是很低的。“过其祖”表明六二在家中的地位甚至超过了自己的祖父，这当然是不对的，但是如果自己能像母亲那样以谦卑的态度来处理家务也就无妨。而于国家层面而言，如果六二的地位超过了君王则是犯上作乱，这在古代社会是大逆不道的罪过。六二坚守中正之德，他甘居臣下，绝不让自己的地位超越君王，六二这种谦卑的行为可保自己免于灾祸。

九三，弗过，防之。从或戕之，凶。

【今译】

九三，没有过错，防止过错。放纵过错可能引来杀身之祸，凶险。

【导读】

九三以阳爻居下卦的最高位，得正。九三自身行为端正没有过错，但他要时刻保持警惕以防止过错。如果放松警惕对小错视而不见，对小错放任自流，小错不能及时改正终将铸成大错，甚至可能引来杀身之祸，这是十分凶险的。

九四，无咎。弗过，遇之，往厉，必戒。勿用，永贞。

【今译】

九四，没有灾祸。没有主动犯错，却偶然遇到了错事。主动前往会有危险，必须警戒。不要采取行动，永远坚守正道。

【导读】

九四爻以阳爻居阴位，失正。在生活中人们即使不主动犯错，也会遭遇一些意外的过错，这对于寻常百姓而言是极为常见的事情，并不会因此遭遇灾祸。但是如果人们行为失正，主动犯错则必然会招致危厉，对此人们应该保持足够的警戒。当人们行为不端时是不宜采取行动的，动则有过而陷入危境，此时他们应该首先回归正道以端正自己的品行。

六五，密云不雨，自我西郊。公弋取彼在穴。

【今译】

六五，乌云密集却不下雨，云是从西郊来的。王公用箭射取洞穴中的禽兽。

【导读】

六五以阴爻居君位，虽居中但失正。六五身为一国之君却

能力不足，而且行为不端。从西郊过来的乌云密布在天空，却久久不能下雨，比喻君王将天下财富据为己有，不肯施与万千臣民享用。君王的这种自私行为已经不是小过了，而是不可饶恕的大过，他必然尽失民心并且使自己成为天下人猎取的对象，这种结果不言而喻是凶险至极的。

上六，弗遇，过之；飞鸟离之，凶，是谓灾眚。

【今译】

上六，没有遇见错误，却主动犯错，就像飞鸟主动飞进了罗网中，凶险，这就叫自取灾祸。

【导读】

上六爻以阴爻居全卦的最高位，恰如一个身居高位的阴邪小人。这类小人即使不会遇见过错，但为了个人私利也不惜铤而走险去主动犯错。天作孽犹可违，自作孽不可活，主动犯错犹如一只飞鸟自投罗网，这种灾祸完全是咎由自取的。

既济卦第六十三

既济卦

既济：亨，小利贞。初吉终乱。

【今译】

既济：亨通，弱小者坚守正道是有利的。初始吉祥，最终混乱。

【导读】

既济的本义是已经渡过了河，比喻事情已经完结了，本卦讲事情的一个发展阶段完结后人们应该采取的行为。从卦象来看，既济卦上卦为坎，代表水，下卦为离，代表火，水火相交最终可能有两种结局：一是火将水烤干，二是水将火浇灭，无论是哪种结局都表示事情的完结，但这只是事物发展过程中的阶段性完结，事物的发展是永无止境的，在此基础上事物又将进入一个崭新的发展阶段。事物的发展应该坚守正道，弱小的事物只要坚守正道，其发展前途也是至为亨通的。如放弃正道，即使最初吉利，最终也将落得个“乱”的下场。

初九，曳其轮，濡其尾，无咎。

【今译】

初九，车轮被拽住，从后面减缓车轮前进的速度，没有灾祸。

【导读】

初九以阳爻居下卦的最下方，得正。“曳其轮”指人们往

后拽住车轮，“濡其尾”指小狐狸在渡河时沾湿了尾巴，爻辞比喻事物发展到一定阶段后应该主动放缓发展的进程，尽力巩固在前一个阶段所取得的成果，为进入下一个发展阶段夯实基础。如立足未稳而操之过急则可能功败垂成，就如同一只性情急躁的小狐狸还没有渡过河却让河水打湿了尾巴一样，但如果此时采取强制措施使事物发展完全停滞下来也是不可取的，只有放慢速度稳步前进才可免于灾祸。

六二，妇丧其茀，勿逐，七日得。

【今译】

六二，妇人丢失了首饰，不用找，七天后失而复得。

【导读】

六二爻以阴爻居下卦中位，具有中正之德。人们的事业之所以能够达到“既济”的状态，是因为人们坚守中正之道并有所付出，“妇丧其茀”比喻人们在创业的过程中付出了巨大的代价，“勿逐”告诫人们没有必要哀叹付出的心血，“七日得”清楚地表明随着事业的增进人们所付出的代价终将获得丰厚的回报。

九三，高宗伐鬼方，三年克之，小人勿用。

【今译】

九三，高宗讨伐鬼方，三年取得胜利，小人是做不到的。

【导读】

九三爻以阳爻居下卦的最高位，得正。当人们的事业达到“既济”状态后，既不能因盲目乐观而急躁冒进，也不可自满于现有成就而裹足不前。高宗讨伐鬼方用了三年时间才取得最终胜利，爻辞以此为喻告诫人们创业是艰难的，要有打持久战的准备，在创业的过程中不能有丝毫懈怠和放松，需要坚韧的毅力和勇气才能取得最后的胜利，而这些都是小人不可能做到的。

六四，繻有衣袽，终日戒。

【今译】

六四，再结实的衣服也有破败的时候，终日戒惧。

【导读】

六四爻以阴爻居阴位，得正。“繻”是指细密的丝织品，而“衣袽”指破败的衣服和棉絮。“繻有衣袽”指再结实的衣服也终有破败的时候，爻辞旨在向人们指出事物发展到一定阶段所取得的成绩再好也只是暂时的，不可能长久。人们虽然取得了一定的成就，但应当时刻保持戒惧的心理，在继续前进的道路上稍有不慎则可能招致灾祸。

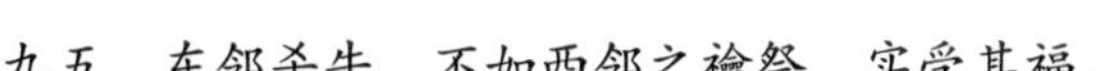
九五，东邻杀牛，不如西邻之禴祭，实受其福。

【今译】

九五，东邻杀牛厚祭，不如西邻薄祭得到的赐福多。

【导读】

九五爻以阳爻居君位，至中至正，至刚至尊。当国家进入“既济”的状态，天下太平，社会财富充足，人民安居乐业，此时一国之君极易产生骄奢淫逸的恶习，而忘却中正之道。杀牛以祭表示厚祭，而禴祭指的是薄祭。九五凭借殷实的财富完全有能力举行厚祭，但是祭祀并不在祭品的多寡，而贵在有心诚，古人认为只要怀有至诚之心，即使简单的薄祭也能获得神灵的赐福。爻辞旨在告诫君王“既济”只是暂时的，“未既”即将到来，君王务必坚守中正之道才能得到福祉。

上六，濡其首，厉。

【今译】

上六，沾湿了头，危险。

【导读】

上六以阴爻居全卦最高位，表示到了“既济”的尽头。事物总是在不断地发展，“既济”只是发展过程中一个阶段的完结。随着事物进一步发展，原有的“既济”状态终将结束，而进入下一个“未济”状态。事物的发展从既济到未济，再从未济到既济，周而复始永不停歇。从既济到未济，事物原有的平衡被彻底打破，各种矛盾层出不穷，这当然是十分危厉的。爻辞讲小狐狸涉水过河却被水淹没了脑袋，象征从既济到未济人们可能会面临灭顶之灾。然而从既济到未济是事物发展的客观规律，是不以人的意志为转移的，人们只能因势利导，尽量做到适时而为。

未济卦第六十四

未济卦

未济：亨，小狐汔济，濡其尾，无攸利。

【今译】

未济：亨通，小狐狸过河，就快到河岸了却沾湿了尾巴，没有什么好处。

【导读】

未济的本义是尚未渡过河，比喻事情还没有完结，本卦讲当事情还没有成功时人们的各种行为。从卦象来看，未济卦上卦为离，代表火，下卦为坎，代表水，火向上升而水往下流，水火不相交而各行其是，象征矛盾仍然存在，问题尚未解决。既济之终即未济之始，未济之末亦为既济之初，既济与未济相互交替体现了事物无比亨通的发展规律。然而对于人们而言，从既济到未济则充满了危厉，人们应当小心谨慎，日日戒惧，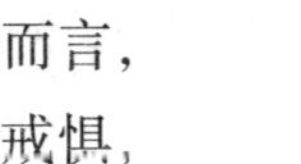稍不留心就有可能会遭遇挫折，就如同一只经验不足的小狐狸那样，它翘起尾巴过河，就在要到达河对岸的时候却放松了警惕，让河水沾湿了尾巴，这是没有任何好处的。

初六，濡其尾，吝。

【今译】

初六，小狐狸过河沾湿了尾巴，感到遗憾。

【导读】

初六爻以阴爻位于全卦的最下方，表示事物处于未济之初。

未济初爻相当于既济上爻，事物旧的矛盾在既济阶段得到了圆满的解决，然而事物在发展过程中必然出现新的矛盾，从而进入未济状态。新的矛盾预示着人们将面临新的挑战，此时人们应当谨慎行事，断不可贸然前进。时机尚未成熟人们就轻率地采取行动是不可取的，就如同一只小狐狸不知河水深浅就急于涉水渡河，还没到对岸就沾湿了尾巴，这种急躁冒进的行为是令人遗憾的。

九二，曳其轮，贞吉。

【今译】

九二，向后拽车轮，坚守正道吉利。

【导读】

九二爻以阳爻居下卦中位，具有阳刚气质却不失中和之德。未济表示事物进入了一个崭新的发展阶段，此时事物的发展速度不宜过快，宜步步为营稳妥前行。“曳其轮”就是有意识地放慢前进速度，既不停滞不前，又戒骄戒躁，秉持中庸之道而稳步进取。爻辞同时也告诫人们在前进的过程中务必坚守正道，防止误入歧途，方可获得吉利。

六三，未济，征凶。利涉大川。

【今译】

六三，事情未完成，出征有凶险。利于渡过大江大河。

【导读】

六三爻以阴爻居下卦的最高位，不中不正。当人们事业处于未济之时，他们应该首先处理好内部事务，为事业发展创造一个良好的内部环境。“大川”比喻各种巨大的艰难险阻，如事业未济人们只能竭力去解决阻碍事业发展的困难，而不是急于对外拓展。当各种内部矛盾尚未得到解决而贸然对外采取行动，人们必然陷入内外交困的凶险境地，这种行为是不可取的。

九四，贞吉，悔亡。震用伐鬼方，三年有赏于大国。

【今译】

九四，坚守正道吉利，悔恨消亡。用强大的兵力讨伐鬼方，三年后受到大国的奖赏。

【导读】

九四爻以阳爻居上卦之初，表明事物已经开始从未济向既济转化。此时人们的各种内部矛盾已经基本上得到了解决，而且也积累了相当的实力，因此可以对外采取行动了。九四以雷霆万钧之势讨伐鬼方，经过长达三年的战斗终于取得了胜利，并且得到了大国的赏赐。九四对外行动之所以能够取得成功全在于九四坚守正道，选择了恰当的时机对外出击，因此能够获得吉利的结果而无所悔恨。

六五，贞吉，无悔。君子之光，有孚，吉。

【今译】

六五，坚守正道吉祥，没有悔恨。君子光明磊落，诚实守信，吉利。

【导读】

六五爻以阴爻居尊位，具有中和之德。当国家逐步从未济走向既济，六五作为一国之君必须继续坚守正道才能获得吉利，也才能无所悔恨，否则一旦养成骄奢淫逸的恶习整个国家所取得的成绩将功亏一篑。六五自身行为光明磊落，性情中和而又怀有至诚之心，因此能得到众多贤能之士的辅佐，带领整个国家进入既济的社会。

上九，有孚，于饮酒，无咎，濡其首，有孚失是。

【今译】

上九，有诚信，饮酒，没有灾祸。饮酒过多以致沾湿了头，虽有诚信也是不对的。

【导读】

上九以阳爻居全卦的最高位，表示事物发展到了未济之终。未济之终即既济之始，人们的事业臻于完美，此时人们真诚地举杯庆贺，这是不会带来灾祸的。然而人们在欢庆既济到来的同时还应认识到既济只是暂时的，事物即将步入下一个未济，因而必须为事物在更高层次的发展做好充分的准备。“濡其首”比喻人们沉溺于欢乐之中，而完全忘却了既济社会中的隐忧，因此即使人们怀有至诚之心，但如果完全放松警惕也是不对的。

主要参考文献

［1］ 高亨. 周易古经今注［M］. 重订本. 北京：中华书局，1984.

［2］ 高亨. 周易杂论［M］. 济南：齐鲁书社，1979.

［3］ 郭沫若. 郭沫若全集（历史篇，第一卷）［M］. 北京：人民出版社，1982.

［4］ 黄寿祺，张善文. 周易译注［M］. 上海：上海古籍出版社，2007.

［5］ 金景芳，吕绍纲. 周易全解［M］. 上海：上海古籍出版社，2005.

［6］ 梁方健.《周易》名义新解［J］. 哲学研究，2011（5）.

［7］ 李镜池. 周易探源［M］. 北京：中华书局，1978.

［8］ 李镜池. 周易通义［M］. 北京：中华书局，1981.

［9］（宋）黎靖德（编），杨绳其，周娴君（校点）. 朱子语类［M］. 长沙：岳麓书社，1997.

［10］ 李申. 周易经传评注［M］. 武汉：湖北教育出版社，2004.

［11］ 李之亮. 唐宋名家文集·欧阳修集［M］. 郑州：中州古籍出版社，2010.

［12］ 吕友仁. 周礼译注［M］. 郑州：中州古籍出版社，2004.

[13] 毛佩琦（主编），王丹（释注）. 论语全集［M］. 北京：中国纺织出版社，2012.

[14]（汉）司马迁. 史记［M］. 天津：天津古籍出版社，2007.

[15]（清）皮锡瑞. 经学通论［M］. 北京：华夏出版社，2011.

[16] 唐明邦. 周易评注［M］. 北京：中华书局，1995.

[17]（魏）王弼，孔颖达. 周易正义［M］. 北京：中国致公出版社，2009.

[18]（东汉）王充. 论衡［M］. 上海：上海人民出版社，1974.

[19] 王铖，李兰军，张稳刚. 白话周易导读［M］. 西安：三秦出版社，1998.

[20] 王振復. 周易的美学智慧［M］. 长沙：湖南出版社，1991.

[21] 谢祥荣. 周易见龙［M］. 成都：巴蜀书社，2012.

[22] 萧汉明. 周易本义导读. 济南：齐鲁书社，2003.

[23] 徐朝华. 上古汉语词汇史［M］. 北京：商务印书馆，2003.

[24] 杨金鼎. 古汉语通用字字典［M］. 福州：福建人民出版社，1988.

[25] 张涛. 秦汉易学思想研究［M］. 北京：中华书局，2005.

[26] 周振甫. 周易译注［M］. 北京：中华书局，2001.

[27] 张立文. 和境——易学与中国文化［M］. 北京：人民出版社，2005.

[28]（春秋）左丘明（著），王珑燕（译注）. 左传译注［M］. 上海：上海三联书店，2013.